누른다　뗀다

파

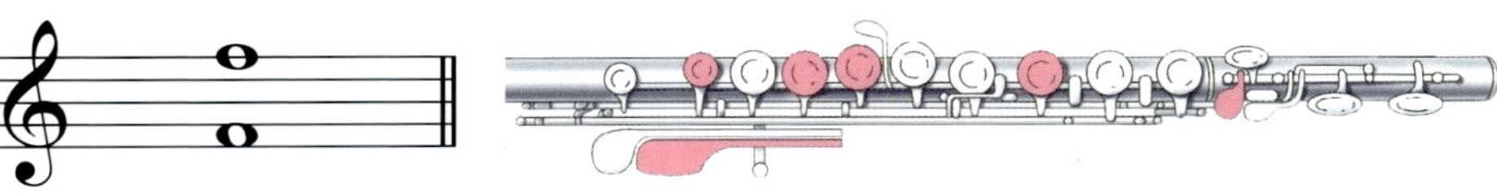

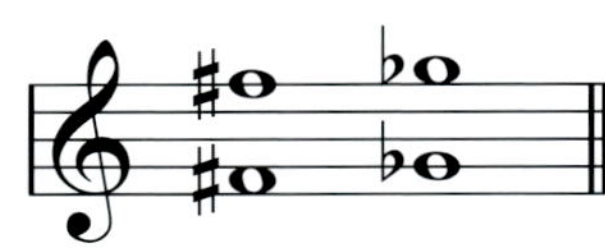
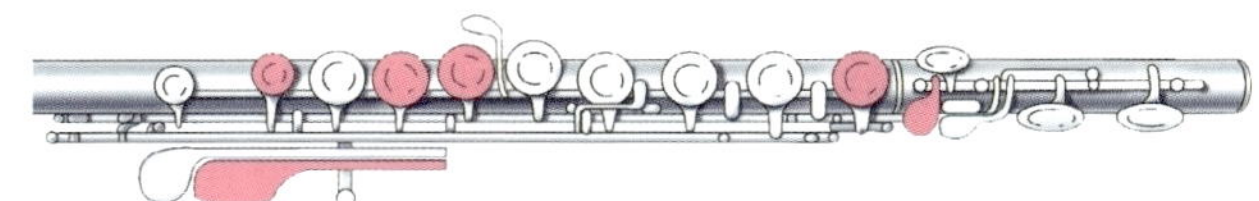
파#／솔♭

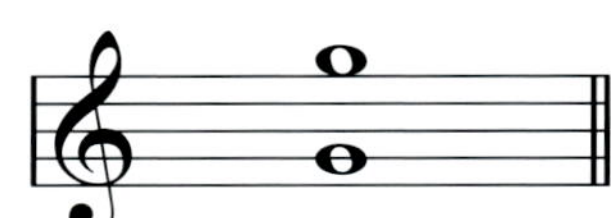
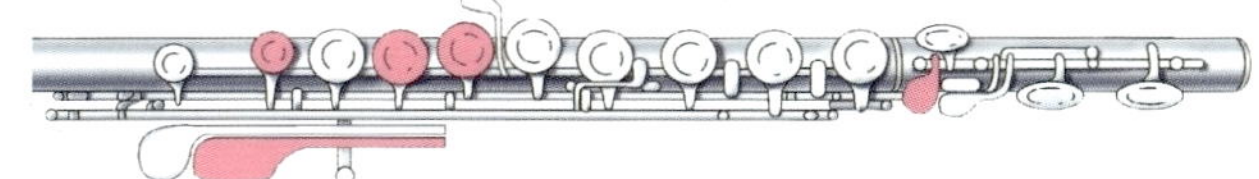
솔

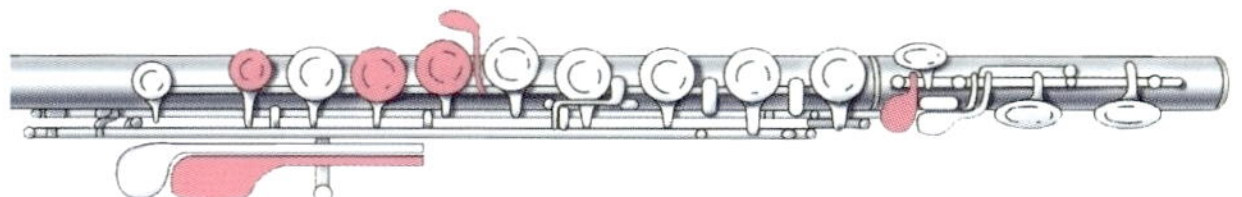
솔#／라♭

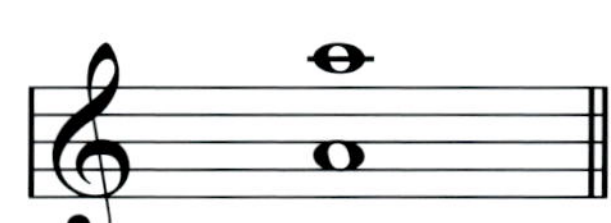
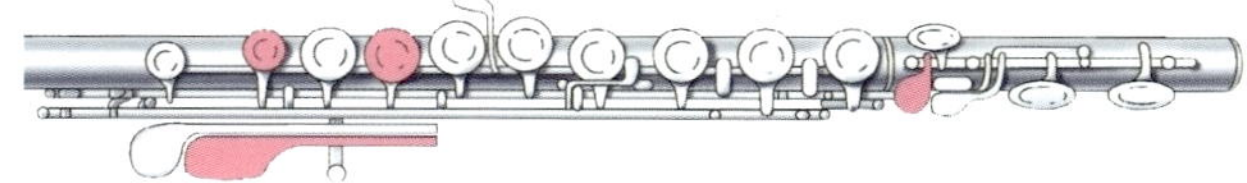
라

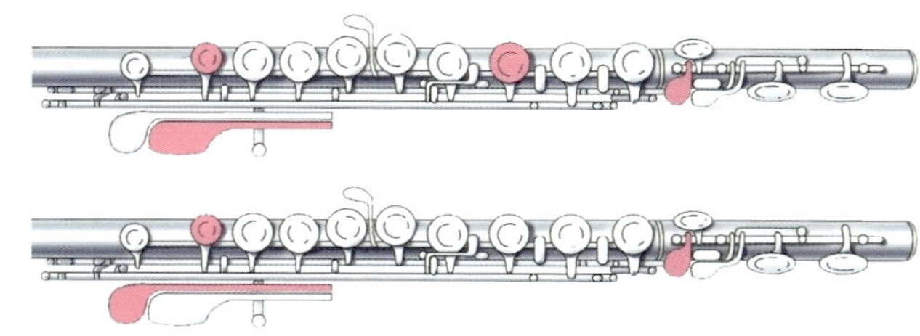
라#／시♭
조표에 '시♭'이 있는
경우에만 사용

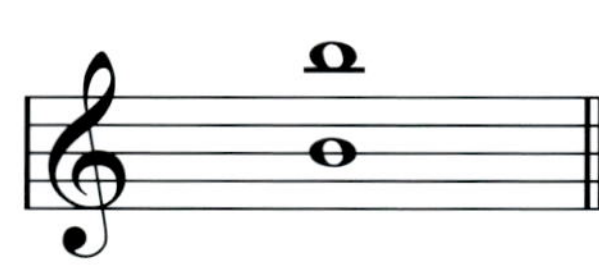
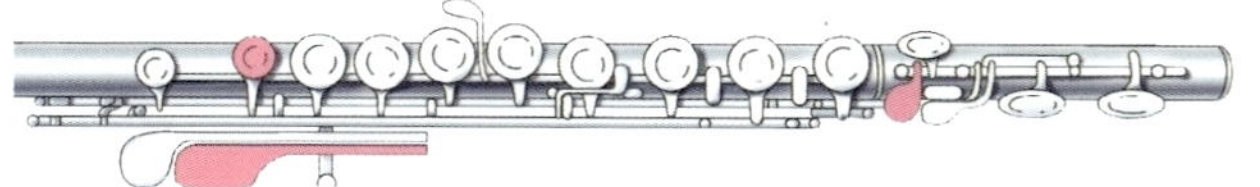
시

플루트 운지표

쉽게 배우는 플루트 교실

FLUTE CLASS

3

정효숙 편저

음계(스케일) 연습

• 다(C)장조 음계

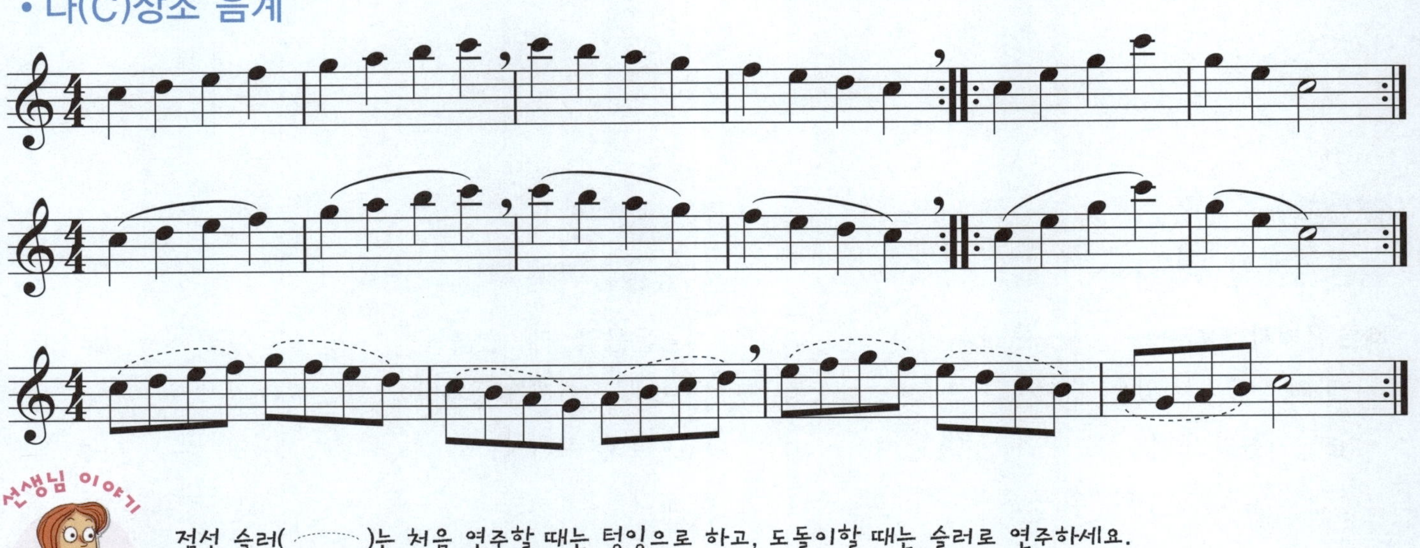

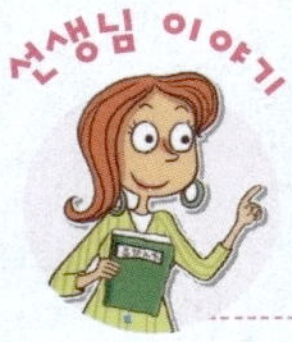

점선 슬러(⋯⋯)는 처음 연주할 때는 텅잉으로 하고, 도돌이할 때는 슬러로 연주하세요.
즉, 한번에 텅잉과 슬러연습을 다 할 수 있게요.

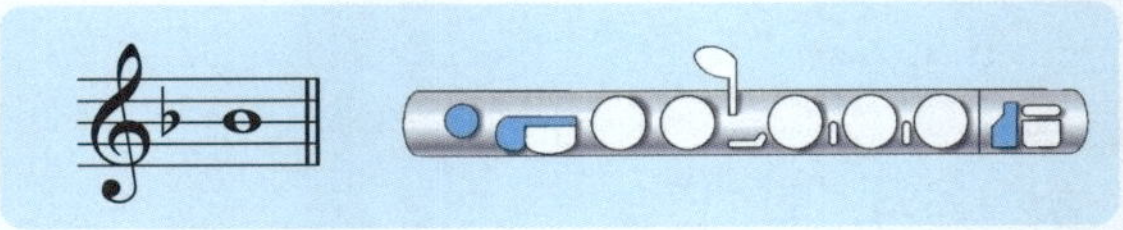

• 바(F)장조 음계

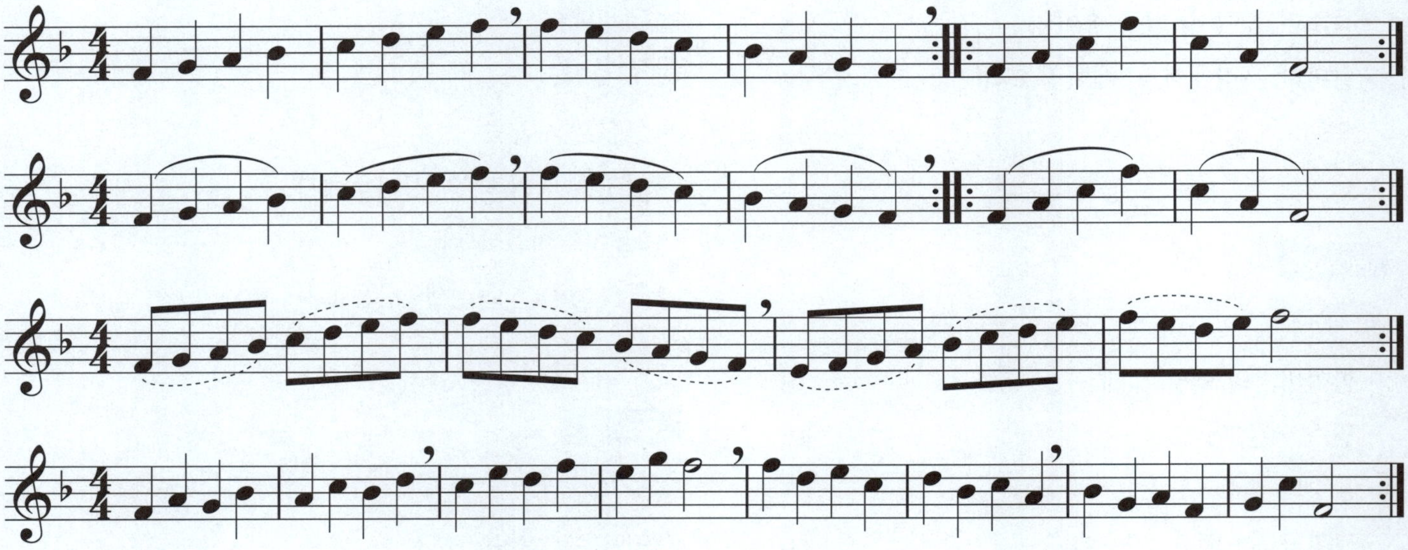

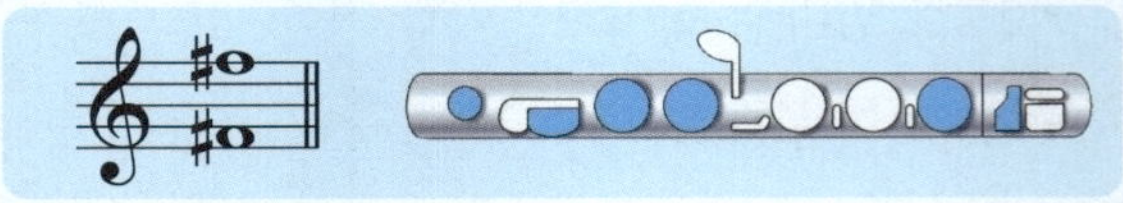

• 사(G)장조 음계

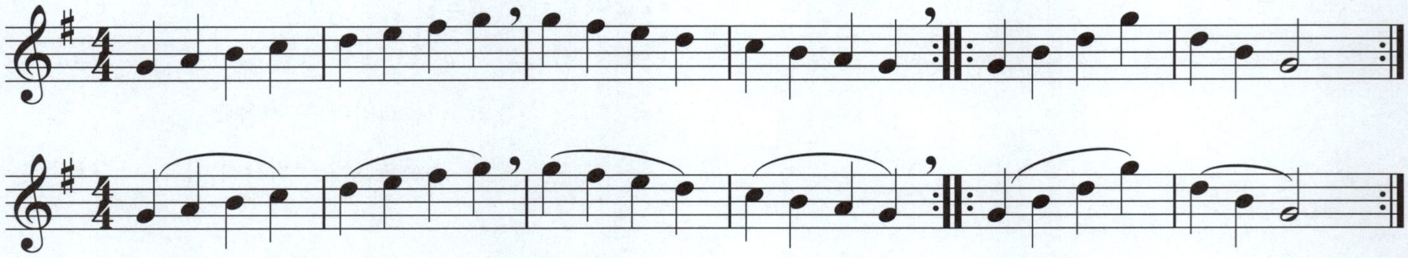

• 내림나(B♭)장조 음계
• 라(D)장조 음계
선생님 이야기
이 음계들을 매일 반복 연습하면 운지들을 완전히 습득하게 되고 손가락이 자유롭게 움직이게 됩니다.

낮은음역의 '도#(레♭)'

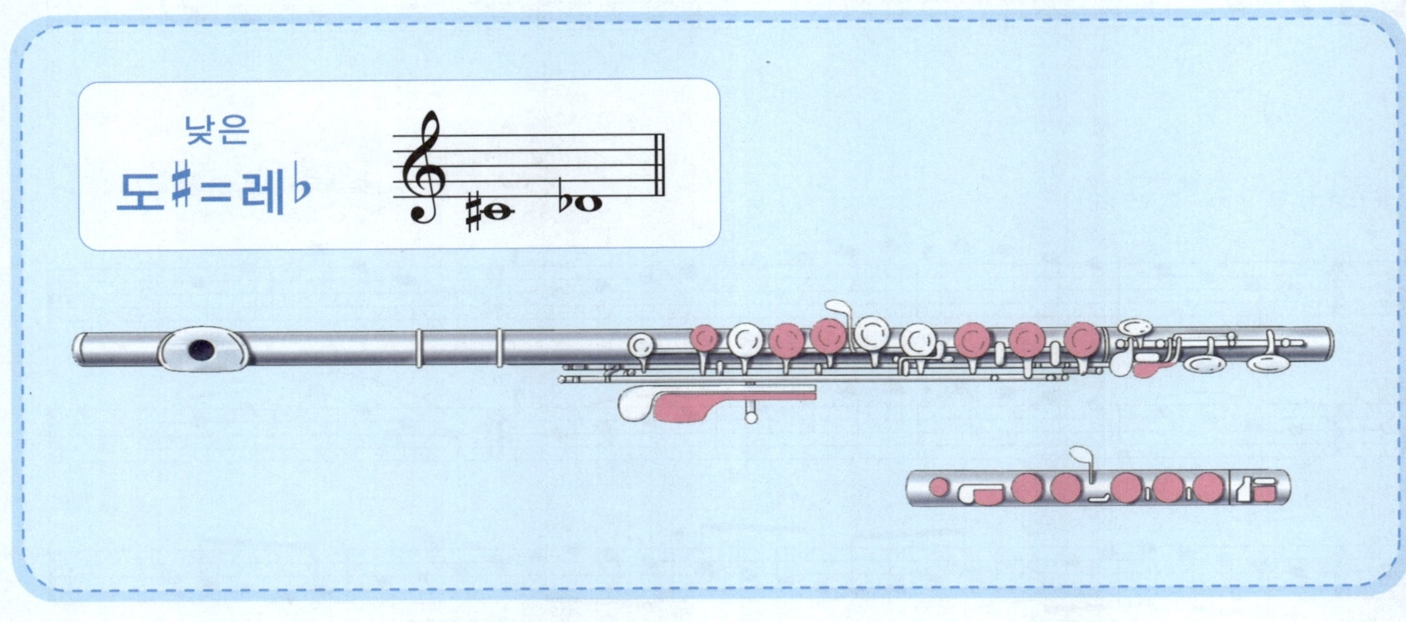

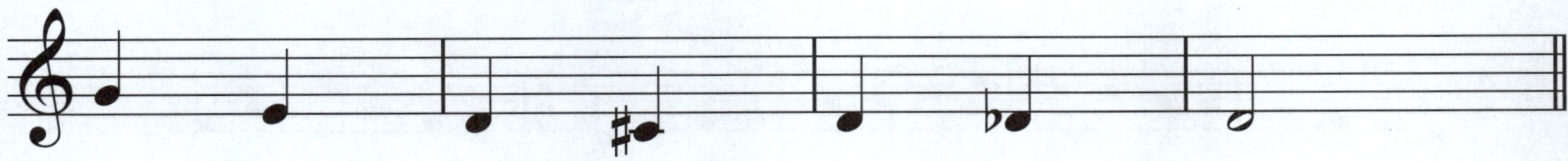

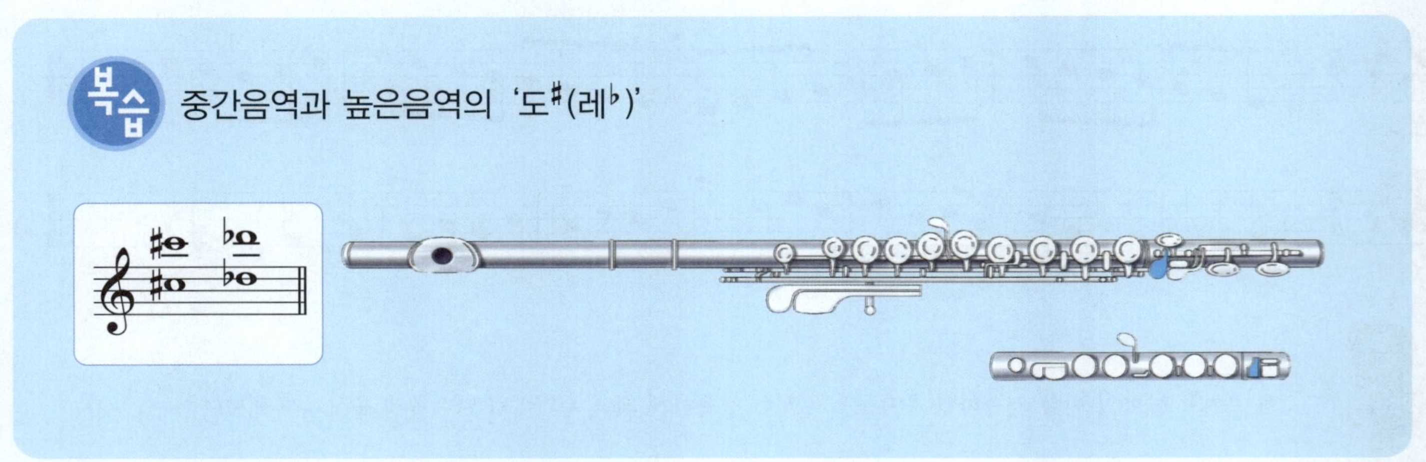

검은 눈동자

러시아 민요

설

윤극영 작사 / 작곡

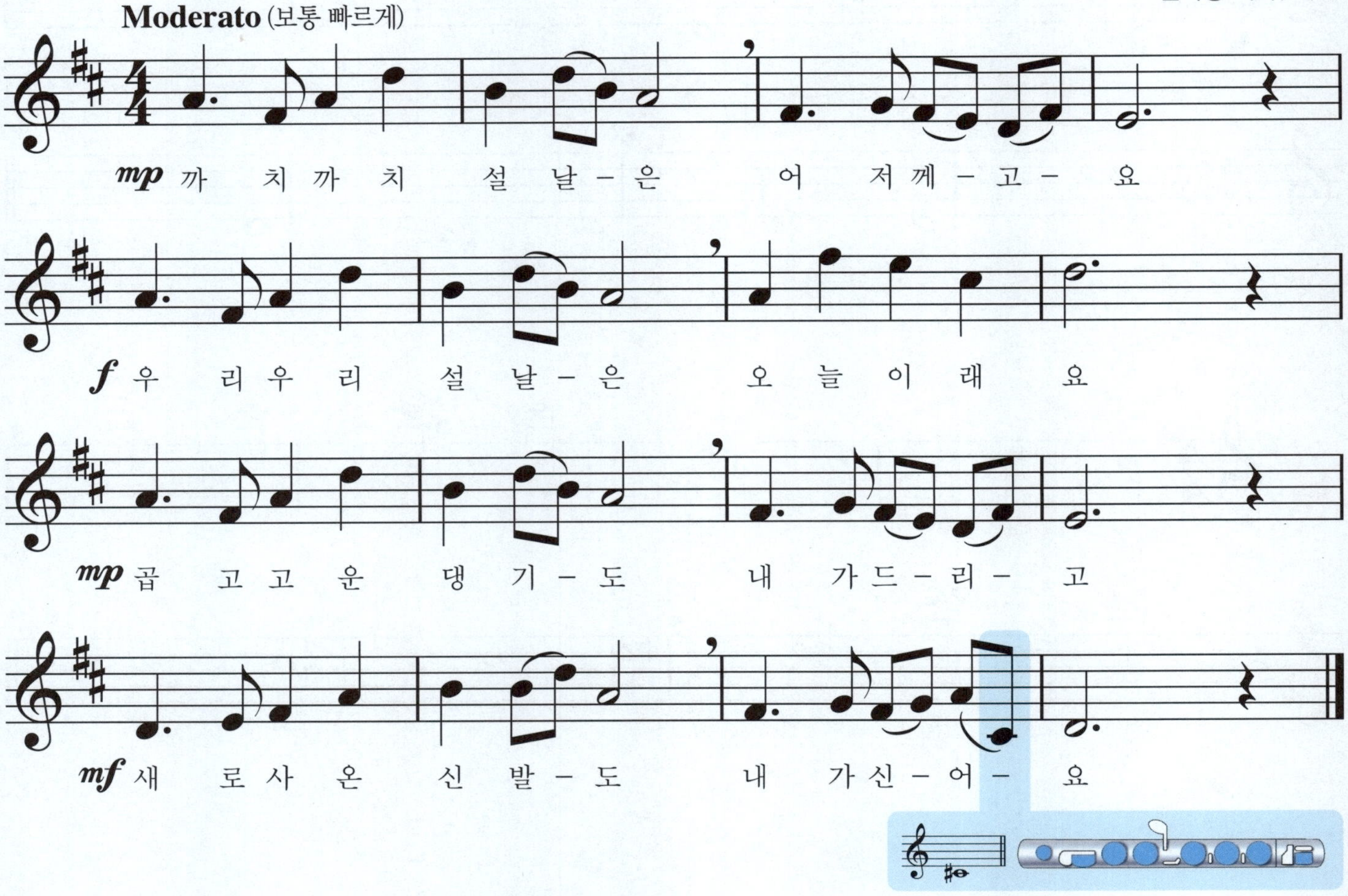

유리디체 없이 어떻게 살까?

오페라 「유리디체」 가운데

C.W. 글룩 작곡

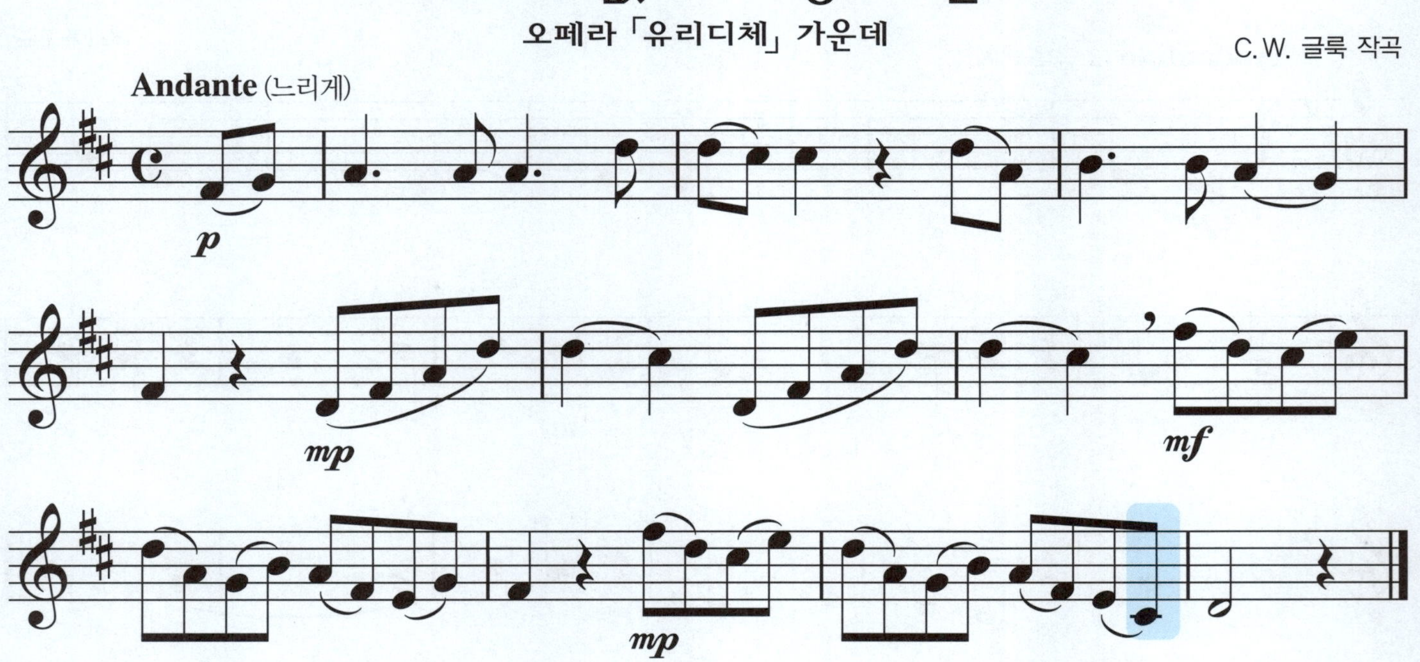

나는 꿈속에서 살고 싶어요

오페라 「로미오와 줄리엣」 가운데

주님 위해 살래요

1. 스타카토(Staccato) : •

음과 음사이를 끊어서 연주하라는 뜻으로 그 음표의 $\frac{1}{2}$은 연주하고, $\frac{1}{2}$은 쉬라는 표입니다.

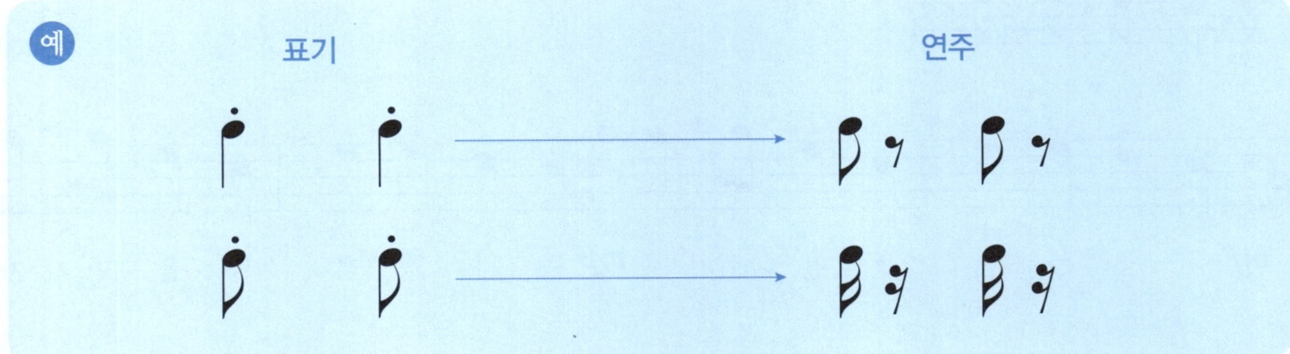

2. 테누토(Tenuto) : ―

그 음표의 길이만큼 충분히 연주하라는 표입니다.

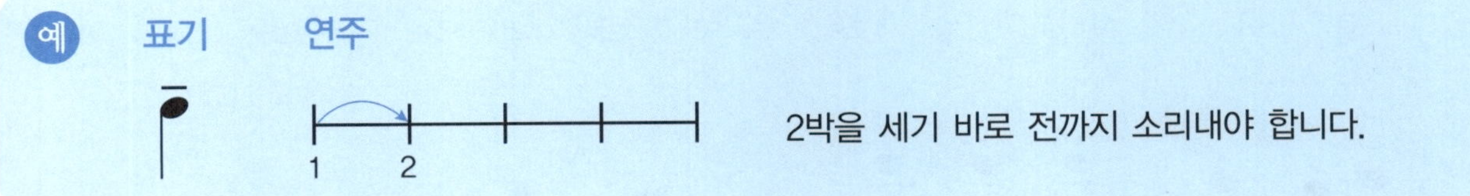

3. 시밀레(Simile) : *simile*

앞과 같은 주법으로 계속 연주하라는 표입니다.

Lesson 02

스타카토·테누토·시밀레

퐁당퐁당

윤석중 작사
홍난파 작곡

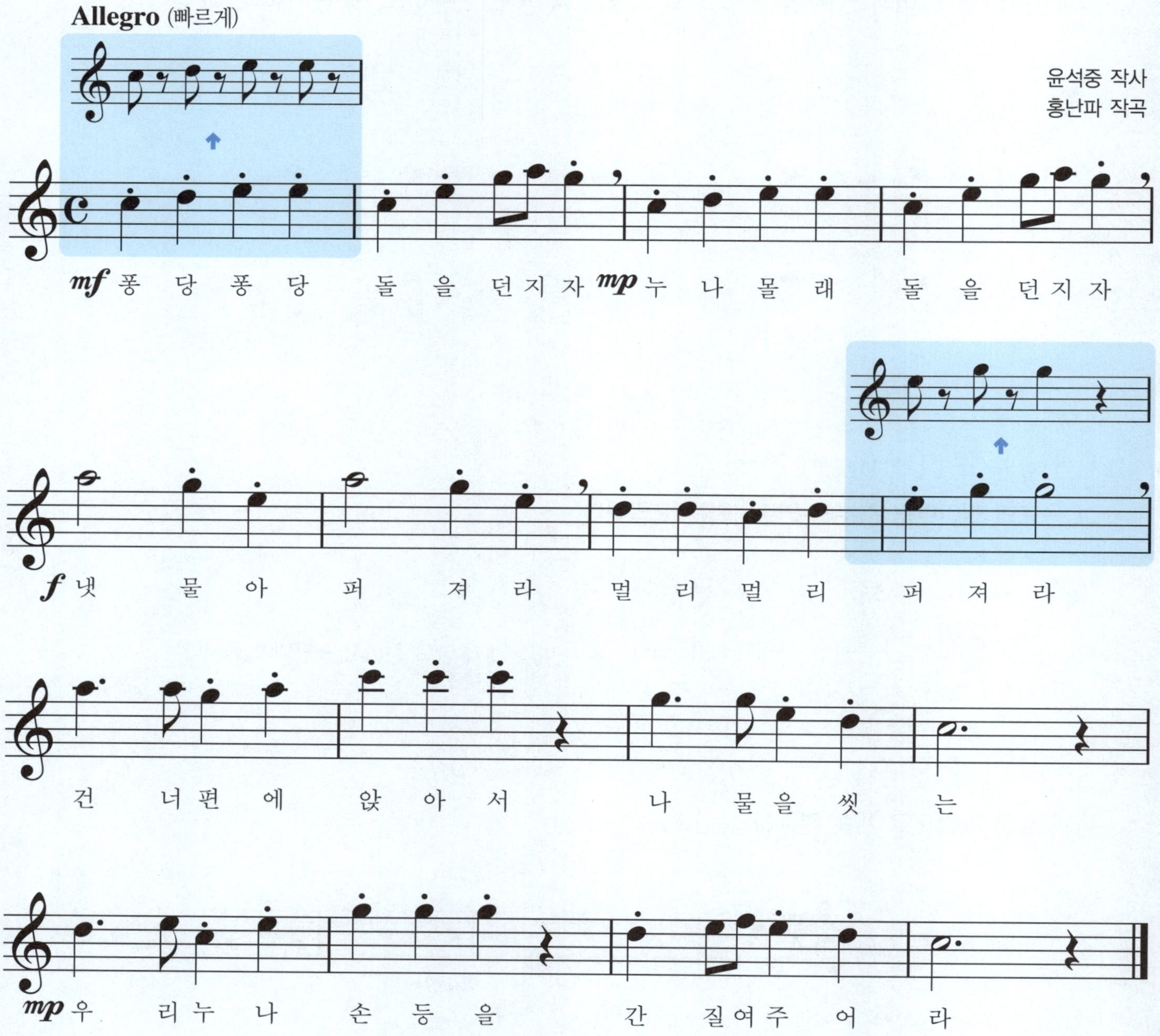

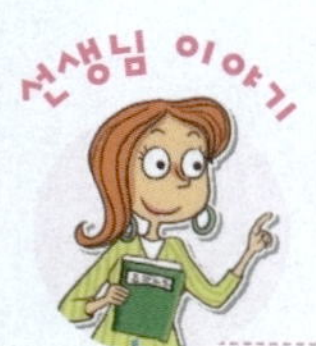

스타카토를 잘 표현할 수 있도록 천천히 연주하세요.

터키행진곡

스타카토와 테누토를 구별해서 소리내고, 시밀레가 있는 부분은 어떻게 연주해야 할지 잘 살펴보고 연주하세요.

학생의 노래

「대학 축전 서곡」 가운데

산타 썰매

W. 캐롤 작곡

방울새

저녁 성가

3중주
외국곡
Andante (느리게)
1st
2nd
3rd
mf
mf
simile
simile
simile
f
f
p
p
mf
mf

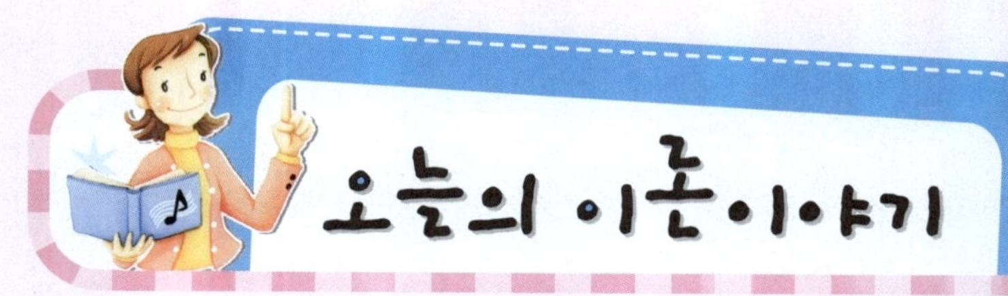

도돌이표(Ⅱ)

1. *D.C.*(다카포 : Da Capo)

D.C.는 처음으로 돌아가서 ***Fine*** 또는 ⌢(마침표)가 있는 곳에서 끝마칩니다.

기 호	읽 기	뜻
D. C.	다 카포	처음으로 돌아간다
Fine	피네	곡을 끝마친다

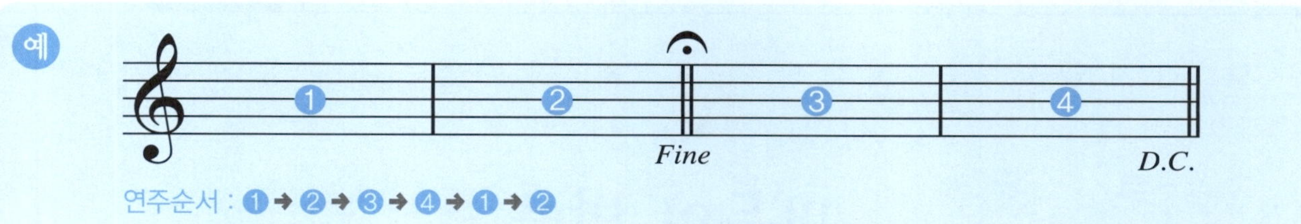

2. *D.S.*(달세뇨 : Dal Segno)

D.S.는 𝄋가 있는 곳으로 되돌아가서 ***Fine*** 또는 ⌢(마침표)가 있는 곳에서 끝마칩니다.

기 호	읽 기
D. S.	달 세뇨
𝄋	세뇨

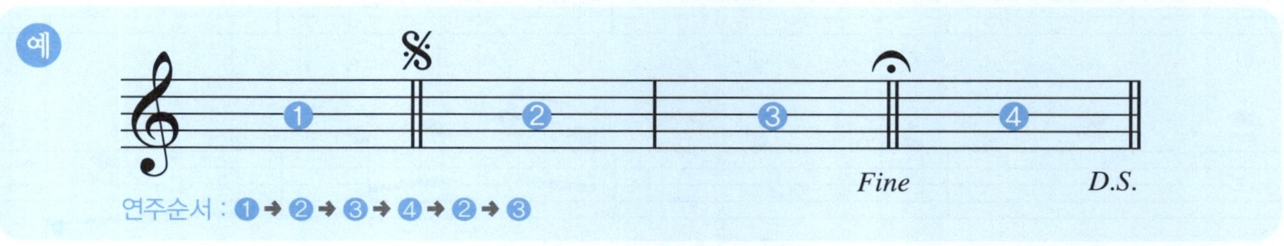

그대로 멈춰라

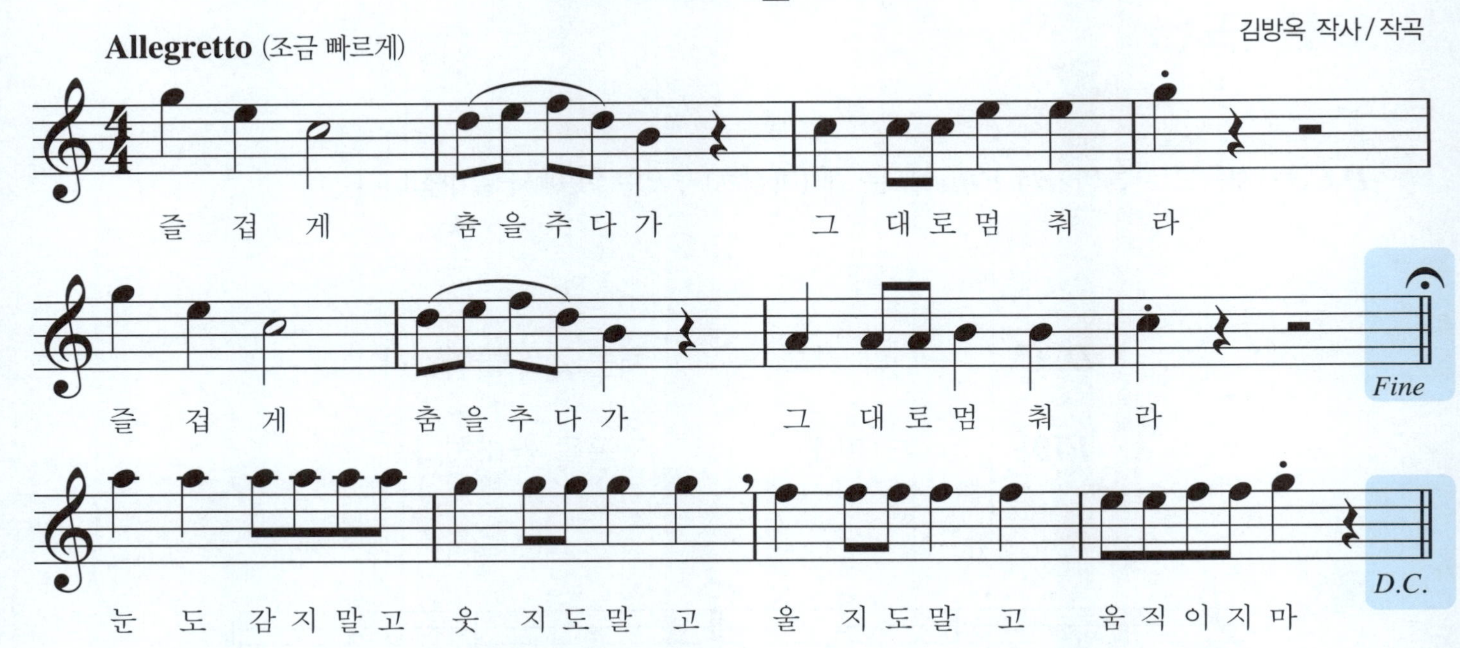

바둑이 방울

위 위시 유 어 메리 크리스마스

We wish you a Merry Christmas

I. 벌링 작곡

여수

J. P. 오드웨이 작곡

오버 더 레인보우

Over the rainbow

3부 돌림연주

헤롤드 알렝 작곡
정효숙 편곡

Andantino (조금 느리게)

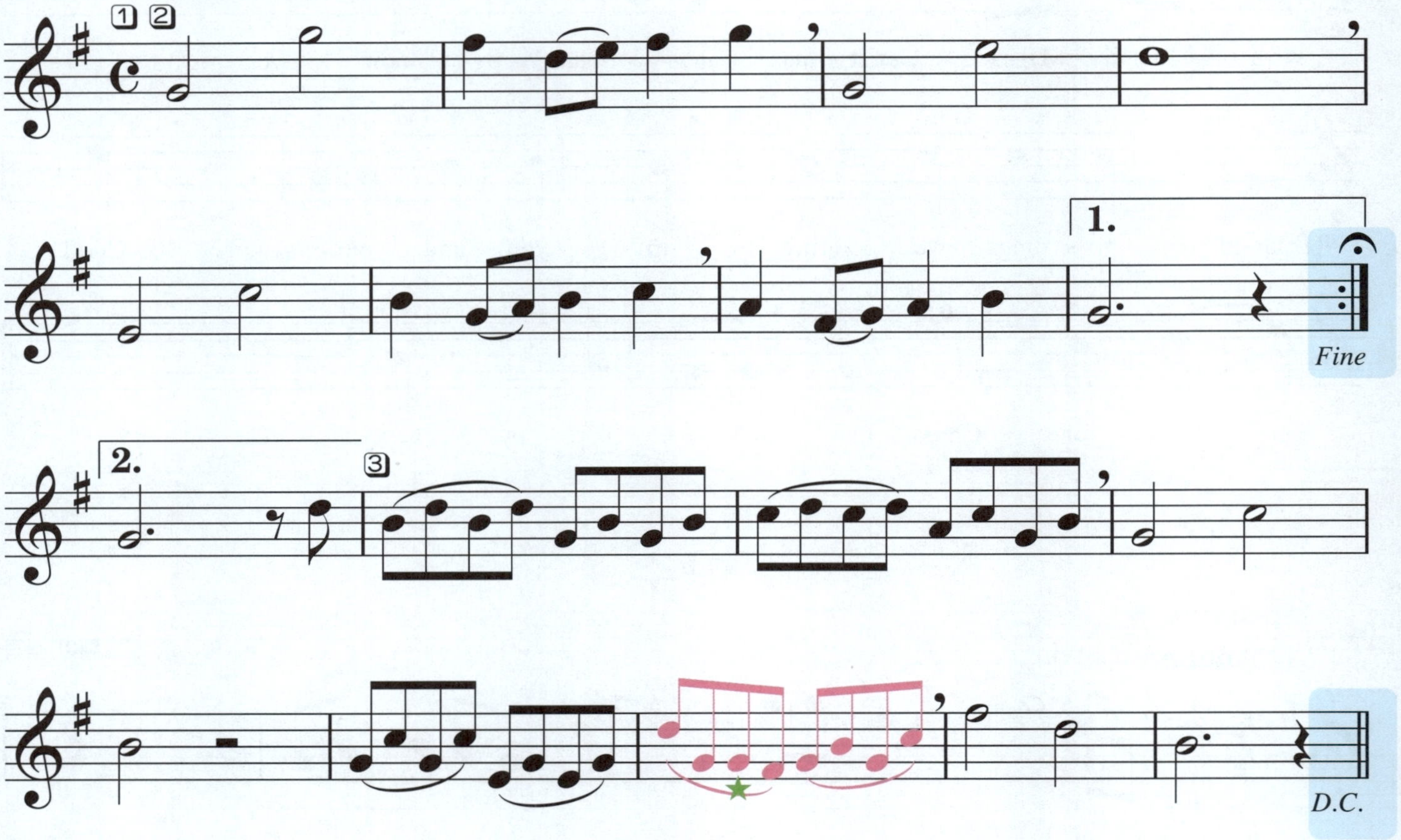

★표 (슬러 안에서 같은 음이 연속으로 나올 때 뒤의 음)는 아주 부드러운 텅잉으로 소리내야 합니다.
즉, '드'('투'가 아니라)소리가 나게 혀를 입천정에 대지말고 허공에서 부드럽게 굴리세요.

엄마돼지 아기돼지

2중주
박홍근 작사
김규환 작곡
Allegretto (조금 빠르게)
1st
2nd
토실토실아기   돼 — 지   젖달라고꿀 꿀   꿀
아기돼지바깥   으 — 로   나가자고꿀 꿀   꿀
엄마돼지오냐   오 — 냐   알았다고꿀 꿀   꿀
엄마돼지비가   와 — 서   안된다고꿀 꿀   꿀
Fine
f 꿀 꿀
mf 꿀 꿀
f 꿀 꿀 꿀 꿀
ff 꿀 꿀 꿀 꿀 꿀
p 꿀 꿀
mp 꿀 꿀
mf 꿀 꿀 꿀 꿀
D.C.

그 옛날에

옹달샘

핑거링 연습

2중주
윤석중 작사
외국곡
Moderato (보통 빠르게)
1st
2nd
깊은산 — 속 옹 달 샘 누 가 와 서 먹 나 요
맑 고 맑 — 은 옹 달 샘 누 가 와 서 먹 나 요
세 수 하 — 러 왔 다 가 물 만 먹 고 가 지 요
Fine
새 벽 에 토 끼 가 눈 비 비 고 일 어 나
D.S.

하나님의 크신 사랑

2중주
웨슬리 작사
존 준델 작곡

Moderato (보통 빠르게)
1st
2nd
하 나 님 의 크 신 - 사 랑 하 늘 로 서 내 리 - 사

우 리 맘 에 항 상 - 계 셔 온 전 하 게 하 소 - 서
두 려 워 서 떠 는 - 자 를 구 원 하 여 주 소 - 서
Fine

우 리 주 는 자 비 - 하 사 사 랑 무 한 하 시 - 니
D.S.

8분의 6박자

♪(8분음표)가 한 마디에 6개 들어갑니다.

♪(8분음표)가 한 박이 됩니다.

§박자를 세는 데는 두가지 방법이 있습니다.

느린 §박자

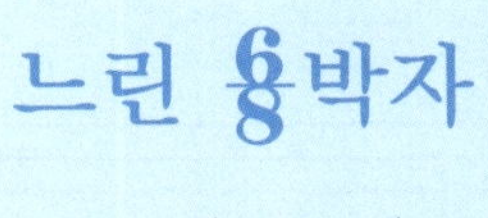

♪(8분음표)를 1박으로 하여 한 마디를 6박으로 셉니다.

박자젓기

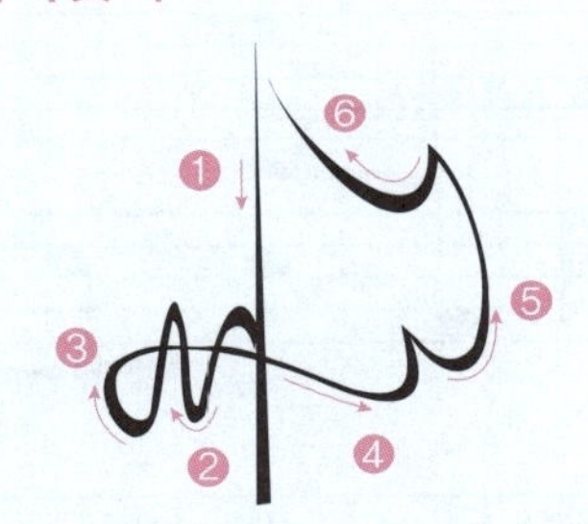

빠른 §박자

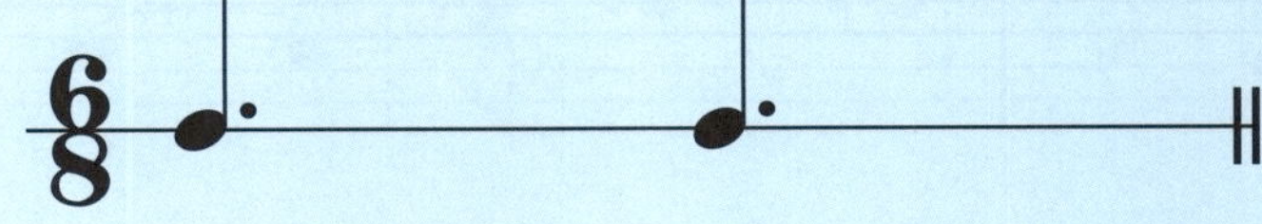

♩.(점4분음표)를 1박으로 하여 한 마디를 2박으로 셉니다.

박자젓기

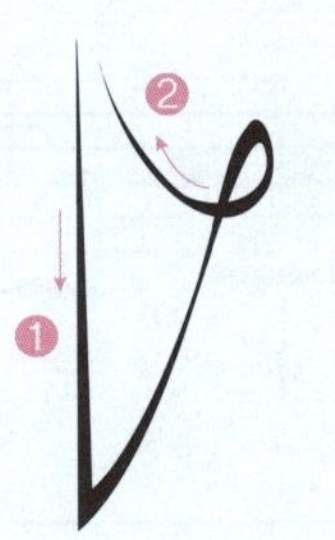

느린 8분의 6박자

연습 ①

박자세기(1) 하나 둘 셋 넷 다섯 여섯 하나둘 셋 넷다섯 여섯 하나둘셋 넷다섯여섯 하나둘셋넷다섯여섯

연습 ②

박자세기(2)

섬집 아기

한인현 작사
이흥렬 작곡

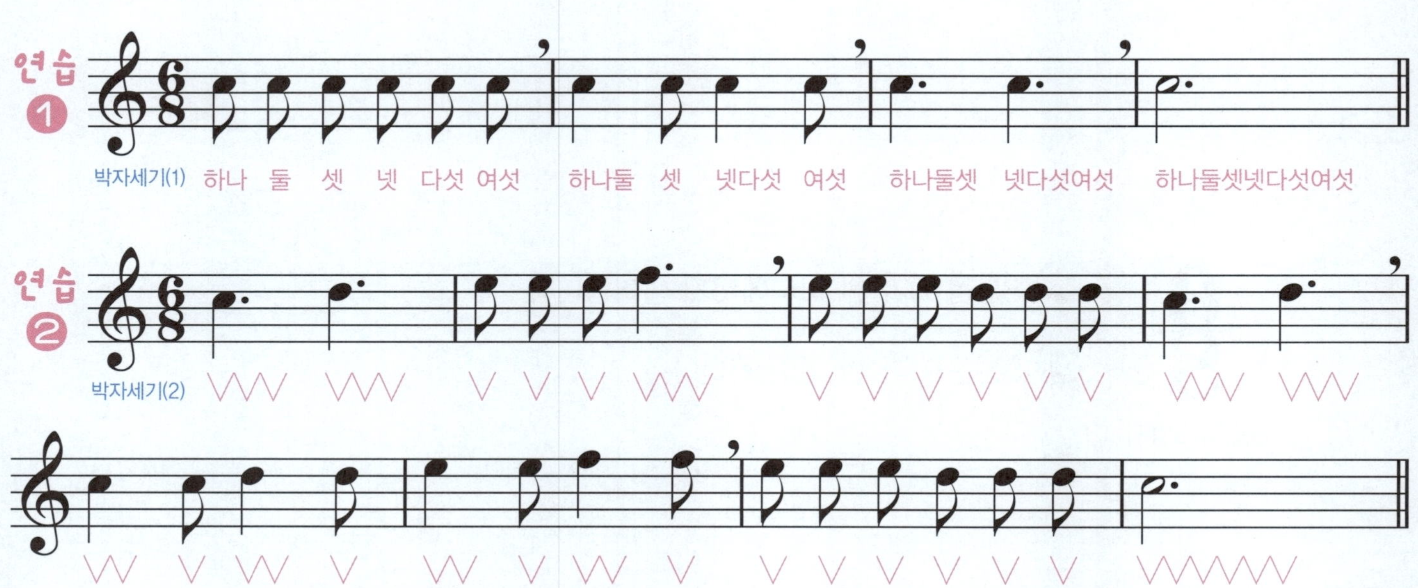

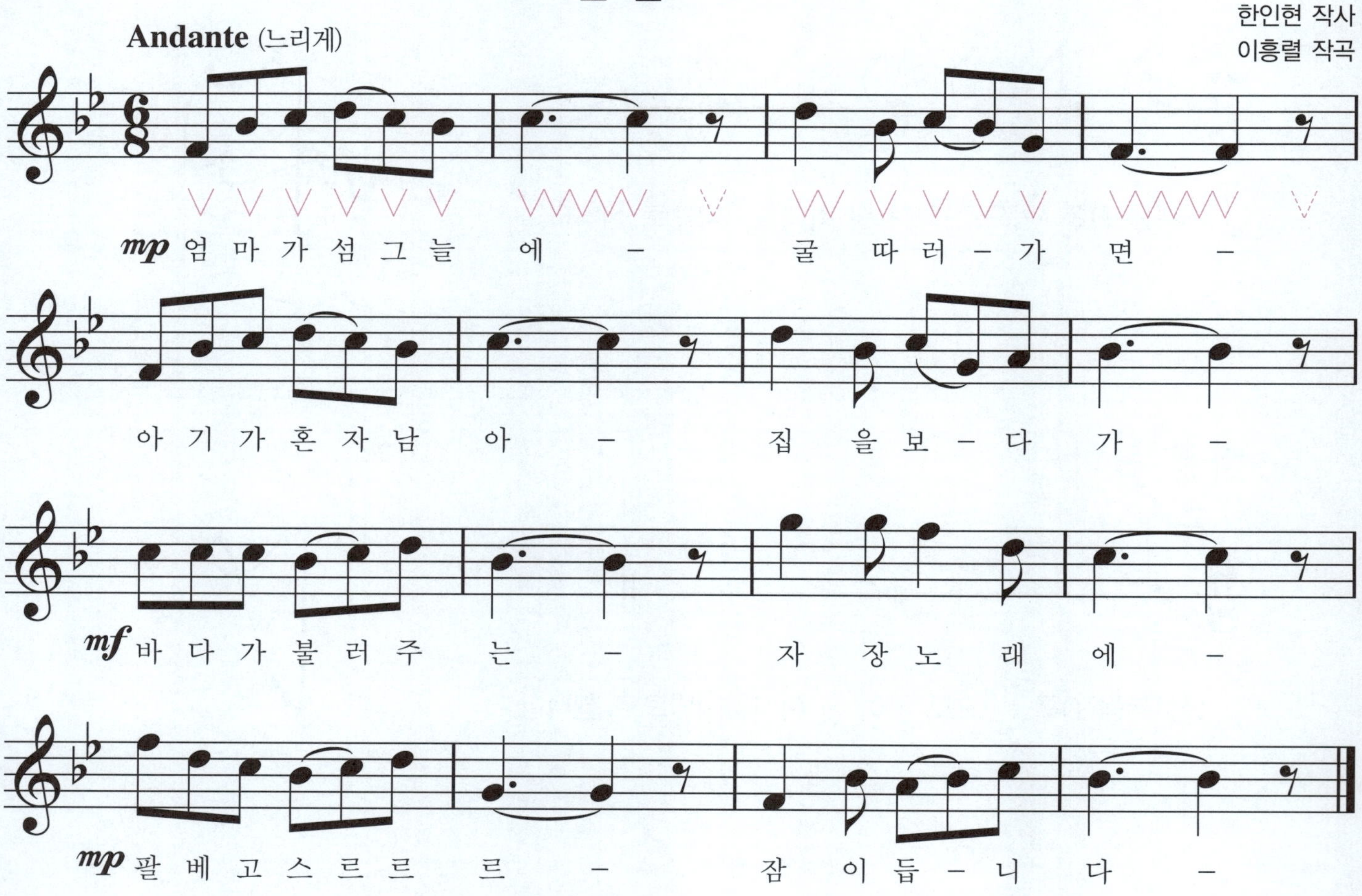
Andante (느리게)
mp 엄 마 가 섬 그 늘 에 – 굴 따 러 – 가 면 –
아 기 가 혼 자 남 아 – 집 을 보 – 다 가 –
mf 바 다 가 불 러 주 는 – 자 장 노 래 에 –
mp 팔 베 고 스 르 르 르 – 잠 이 듭 – 니 다 –

흰 구름

4부 돌림연주

Andantino (조금 느리게)
외국곡
mp 두 둥 실 흰 구 름 멀 리 떠 가 네
mf 우 리 누 나 좋 아 하 던 저 구 름

겨울 나무

이원수 작사
정세문 작곡
Andante (느리게)
mf 나 무 야 나 무 야 겨 울 나 무 야 —
눈 쌓 인 응 달 에 외 로 이 — 서 서 —
p 아 — 무 도 찾 지 않 는 추 운 겨 울 을 —
f 바 람 따 라 휘 파 람 만 불 — 고 있 — 느 냐 —

사랑의 기쁨

등대지기

2중주
Moderato (보통 빠르게)
1st
2nd
고은 작사
영국민요
얼 어 붙은 달 그 림자 물 결 위에 — 자 고 — 한
겨 울의 거 센 — 파도 모 으 는 작 — 은 섬 — 생
각 하라 저 등 대를 지 키는 사 — 람 의 — 거
룩 하고 아 름 — 다운 사 랑 의마 — 음 을 —

달고 오묘한 그 말씀

2중주
P. P. 블리스 작사/작곡

Andantino (조금 느리게)
1st
2nd
달 고오묘한 그 말씀 생명의말씀 은 －

귀 한그말씀 진 실로 생명의말 씀 이 －

나 의길 － 과 믿 음 밝 히보 － 여 주 니

아름답고 귀한말씀 생명샘이 로 다 － － 다 －
1.
2.

셈여림표(Ⅱ)

기 호	읽 기	뜻
⟨ *cresc.*	크레센도 (crescendo)	점점 세게
⟩ *decresc.*	데크레센도 (decrescendo)	점점 여리게
dim.	디미누엔도 (diminuendo)	

악센트(accent)

그 음을 특히 세게하라는 뜻입니다.

악센트(accent)의 종류

> ⋀	*sf*	*fz*
악센트	스포르잔도	포르잔도

낮은·중간음역의 '솔♯(라♭)'

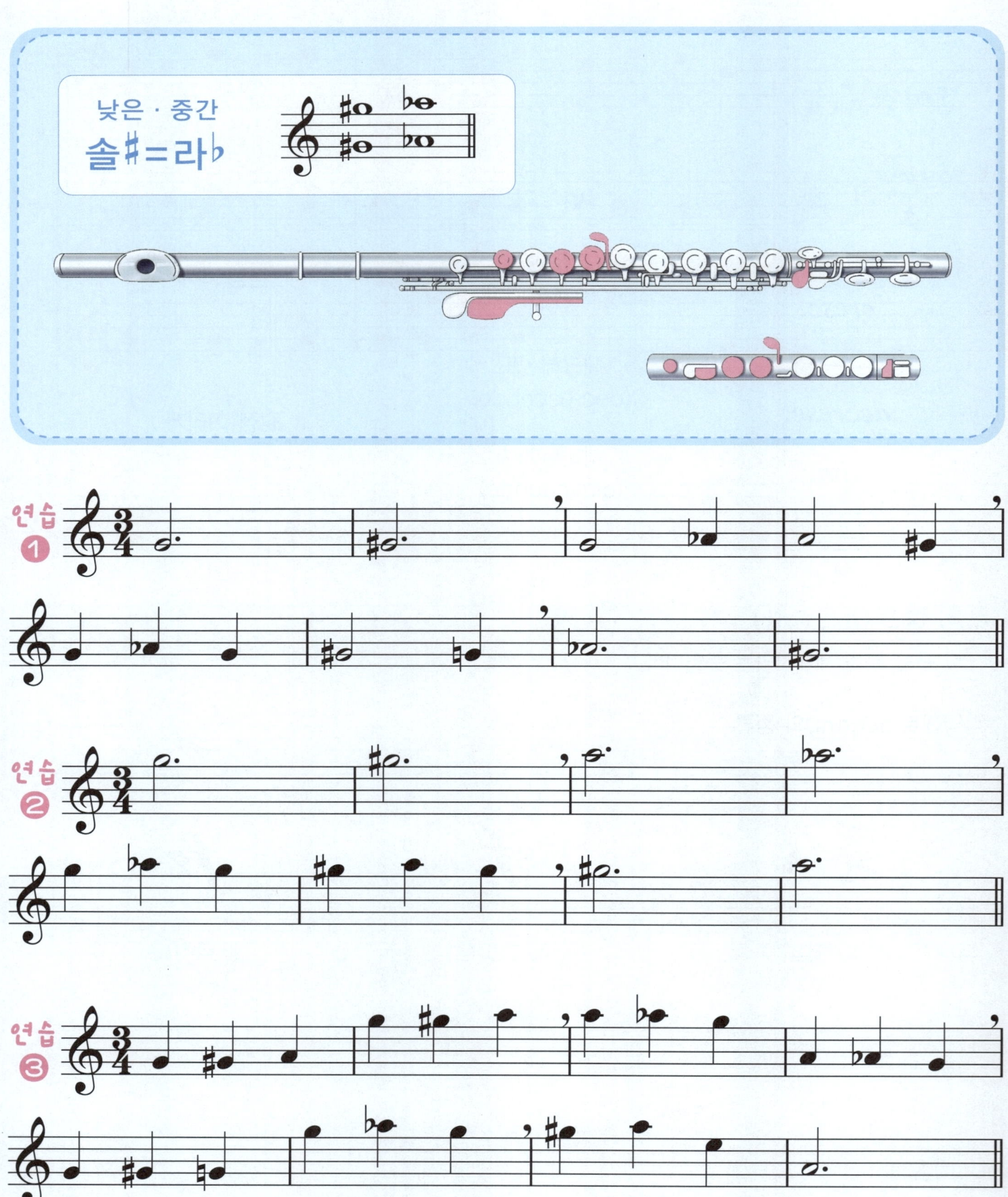

모래성

박홍근 작사
권길상 작곡

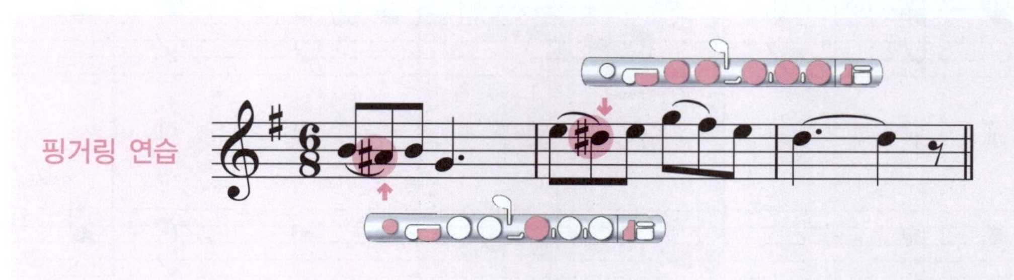

Andante (느리게)

바닷가에서

장수철 작사
이계석 작곡

철 모르는 어린이지만

핑거링 연습

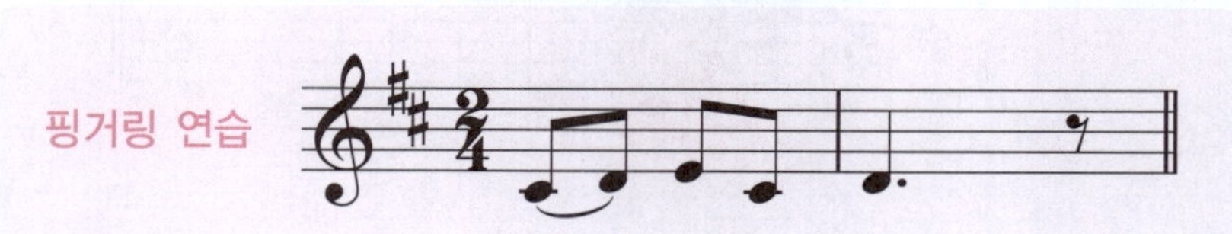

2중주

크로스바이 작사
H.P. 메인 작곡

Allegretto (조금 빠르게)

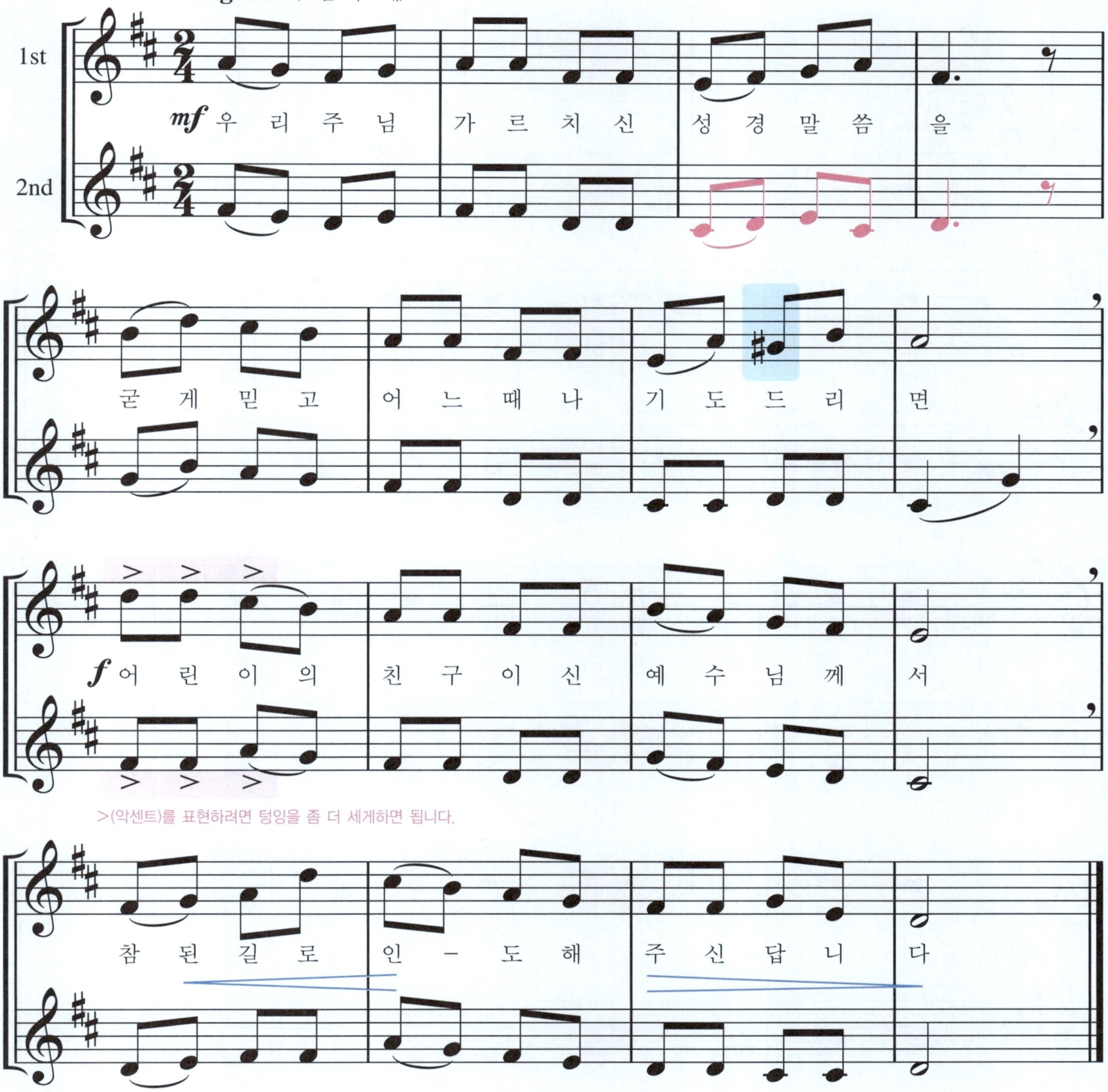

>(악센트)를 표현하려면 텅잉을 좀 더 세게하면 됩니다.

구름

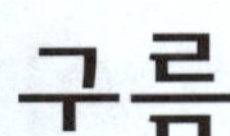

핑거링 연습

2중주
윤석중 작사
홍난파 작곡
Moderato (보통 빠르게)
1st
2nd
mf
1.2. 저 하 늘 흰 구 름 양 들 이 되 어 서
3. 새 파 란 저 하 늘 흰 구 름 양 들 은
p
조 용 히 떼 지 어 몰 려 다 니 네
온 종 일 맘 대 로 놀 러 다 니 네
Fine
mp
외 양 간 송 아 진 어 디 를 가 든 지
mf
목 동 이 언 제 나 지 키 고 있 지 만
D.C.

행진곡

군대 또는 단체가 질서있게 행진할 때 사용되는 음악을 말합니다. 주로 단순하면서 규칙적이고 명쾌한 리듬의 음악입니다.

행진곡의 종류

군대행진곡, 결혼행진곡, 장송행진곡, 개선행진곡, 축전행진곡 등

행진곡의 분류

1. 빠른행진곡 : 2박자계통($\frac{2}{2}$박자, $\frac{2}{4}$박자, 그리고 $\frac{6}{8}$박자 중 빠른 템포의 곡)
2. 느린행진곡 : 4박자계통($\frac{4}{4}$박자)

   느린 행진곡은 주로 의식을 행할 때 많이 사용됩니다.

빠른 8분의 6박자

빠른 $\frac{6}{8}$ 박자 곡의 박자세기는 ♪♪♪=♩.가 1박이므로 한 마디를 2박으로 세면 됩니다.
실제 곡을 연주하면서 박자세는 것을 익혀 보세요.

'리'자로 끝나는 말은

윤석중 작사
라이트 작곡

냉면

미국 민요

가을의 노래

핑거링 연습

2중주

F. 멘델스존 작곡

Allegretto (조금 빠르게) 2박으로

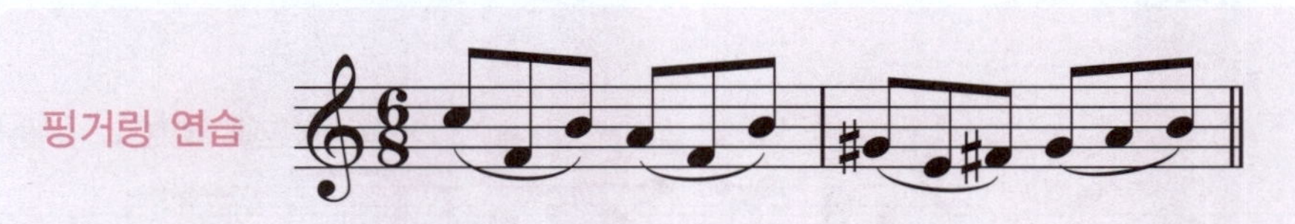

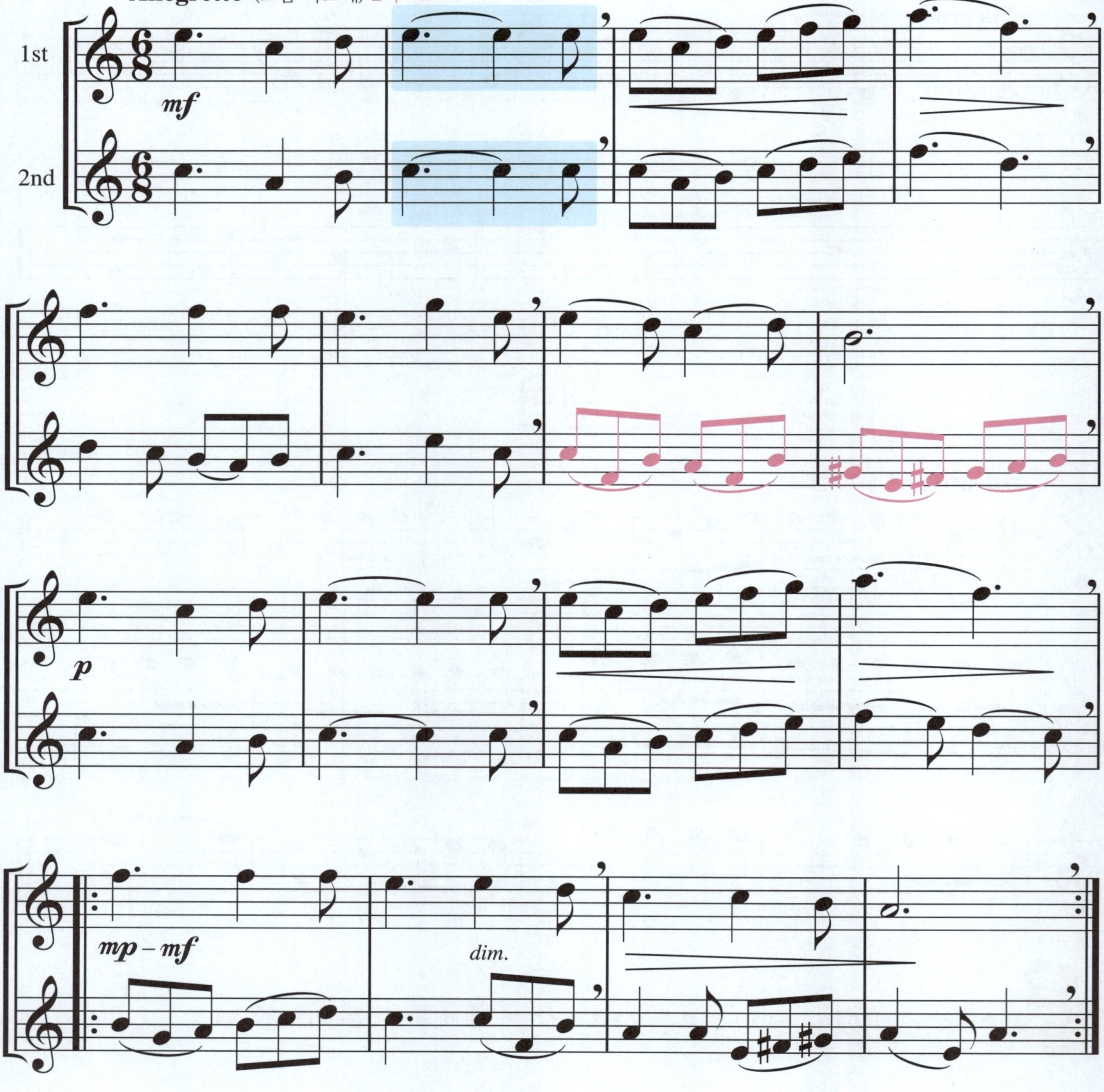

관악기의 종류

쉽게 배우는 플루트교실1 중 Lesson1에서 관악기는 크게 목관악기와 금관악기로 분류된다고 배웠죠? 그리고 여러분이 지금 배우고 있는 플루트는 목관악기에 포함된다고 배웠구요.

그러면 목관악기에는 어떤 악기들이 있으며, 금관악기에는 어떤 악기들이 있는지 알아봅시다.

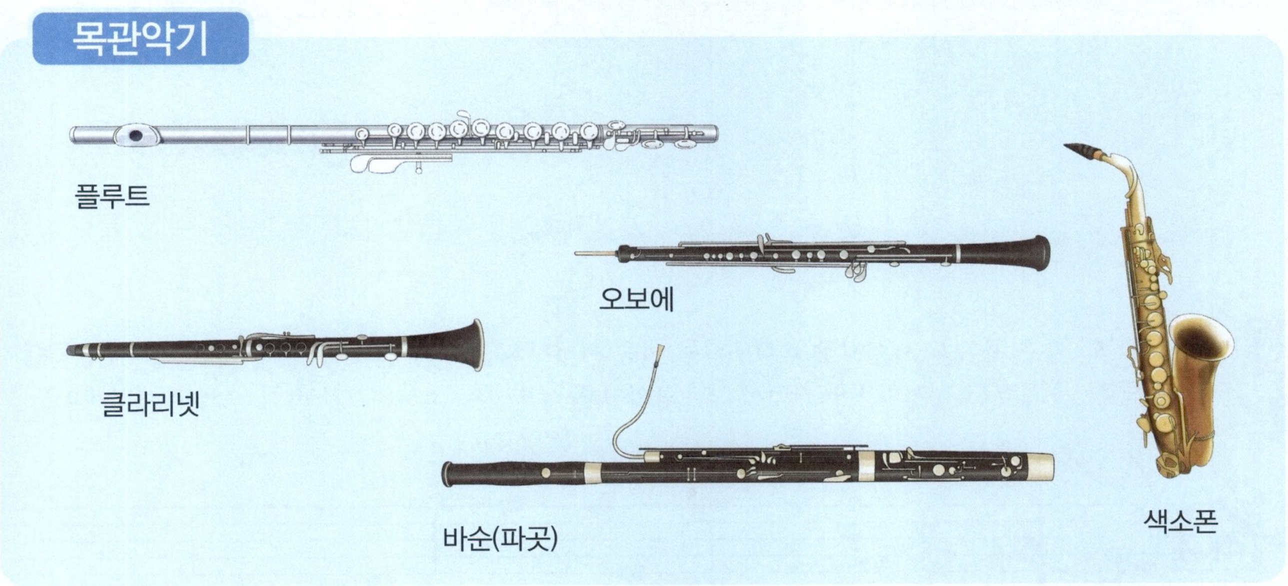

색소폰도 금속으로 만들어졌지만 목관악기에 속합니다.
그 이유는 리드(Reed : 주로 갈대로 만들며 관악기의 '혀'라고도 함)로 소리를 내기 때문인데,
나무 리드를 사용하는 악기도 목관악기에 들어간답니다.

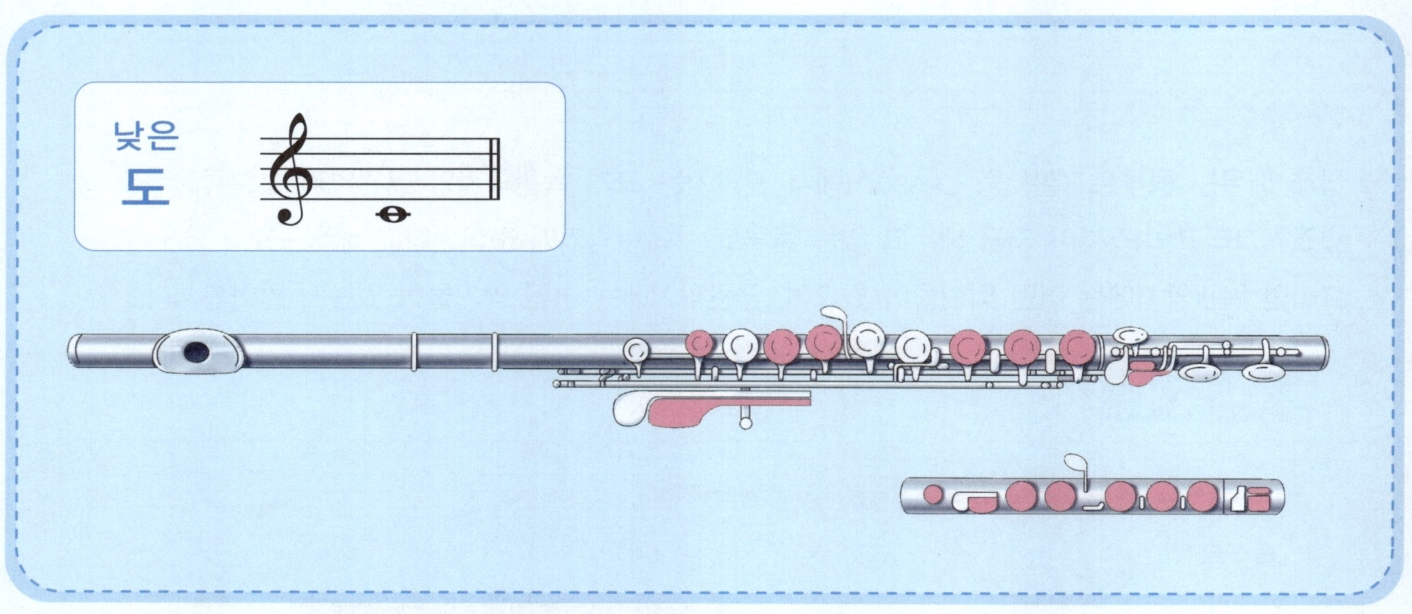

낮은 '도'음은 운지도 어렵지만 소리내기는 더욱 어렵지요. 소리가 잘 나지 않을때는 아래 연습곡①번처럼 낮은 '솔'음부터 천천히 내려가면서 '도'음까지 불어보세요. 소리내기가 훨씬 수월해 질거예요.

낮은 음들은 텅잉을 해도 텅잉 소리가 잘 안나지만 텅잉소리가 명쾌하게 날 때까지 노력해야 합니다.

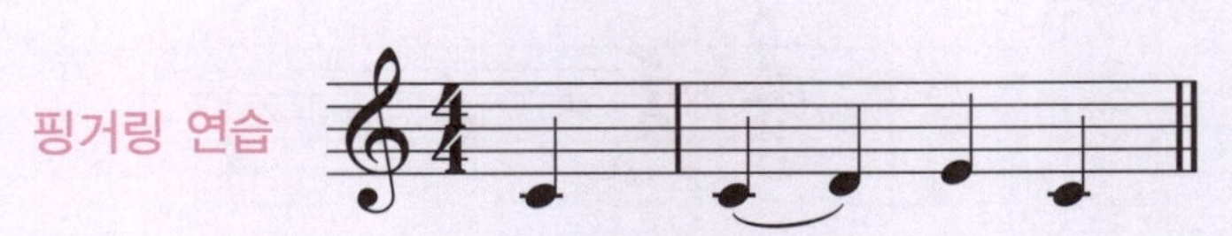

목소리 높여서

얼룩 송아지

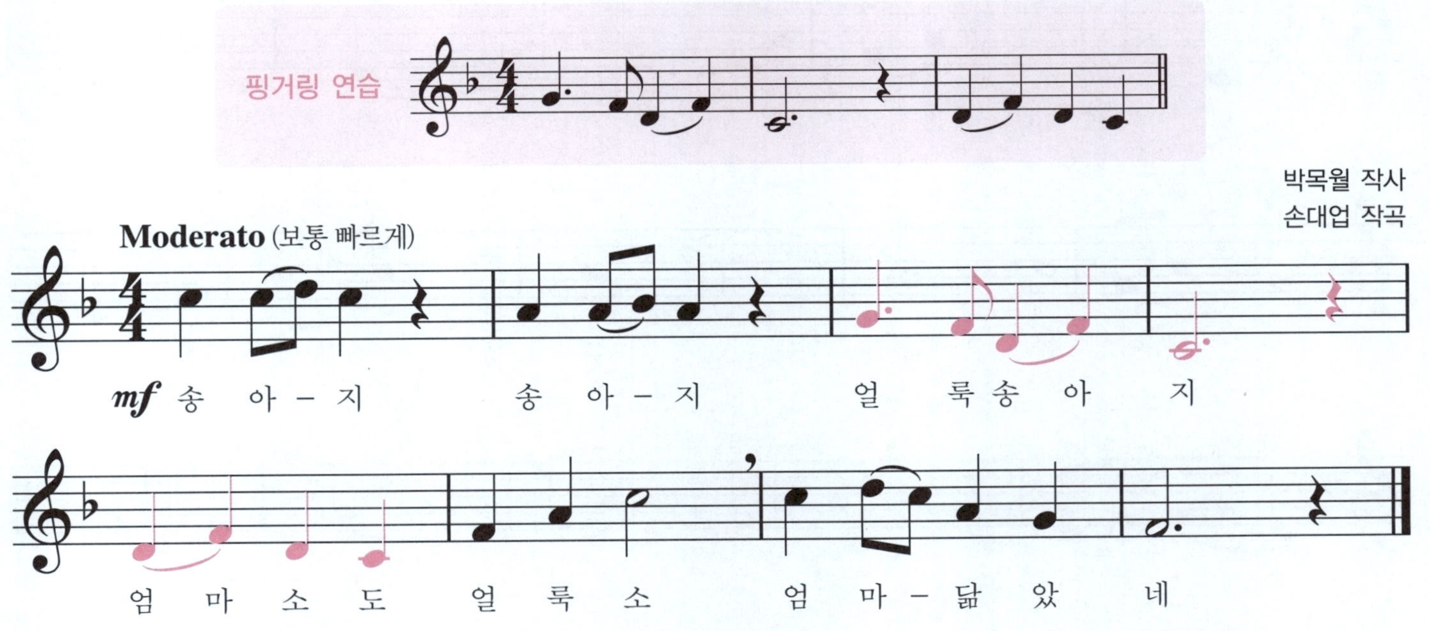

날마다 우리에게

어메이징 그레이스
Amazing Grace

춤곡

각 나라의 민속 춤을 바탕으로 만들어졌으며, 나라마다 리듬과 빠르기에 따라 춤곡의 명칭이 다릅니다.

춤곡의 종류는 아주 다양해서 춤곡의 이름도 여러가지가 있는데, 오늘은 여러분들이 많이 연주하게 될 춤곡 세 가지만 배워보겠습니다.

춤곡의 이름	유래된 나라	형 식
미뉴에트	프랑스	보통 빠르기의 우아한 $\frac{3}{4}$박자의 춤곡
가보트	프랑스	보통 빠르기의 2박자, 또는 4박자의 춤곡
왈츠	오스트리아	느리고 우아한 3박자 계통의 무도회용 춤곡

할아버지의 옛날 시계

미국 민요

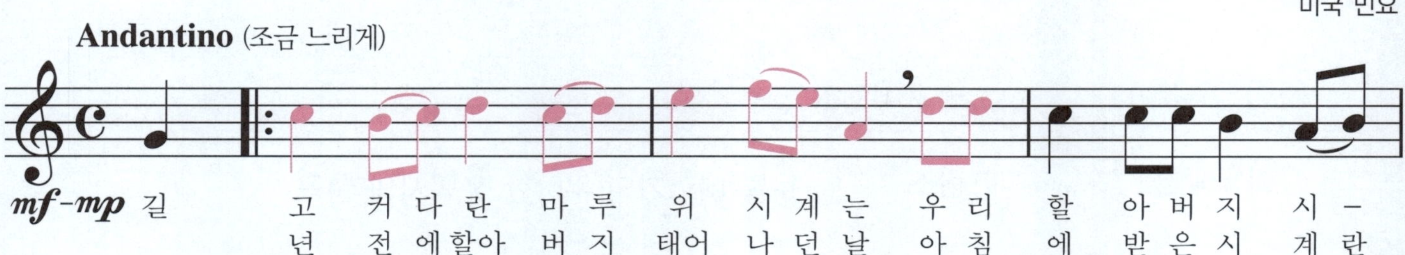

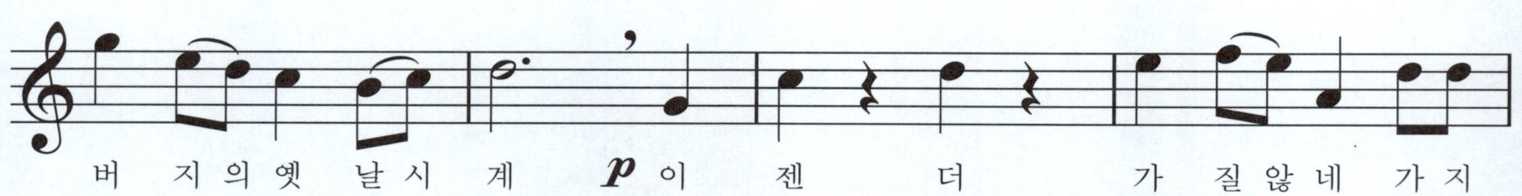

원스 어폰 어 드림

Once upon a dream

E. 와일드혼 작곡

Moderato (보통 빠르게)

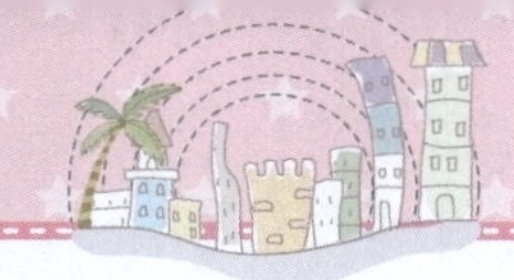

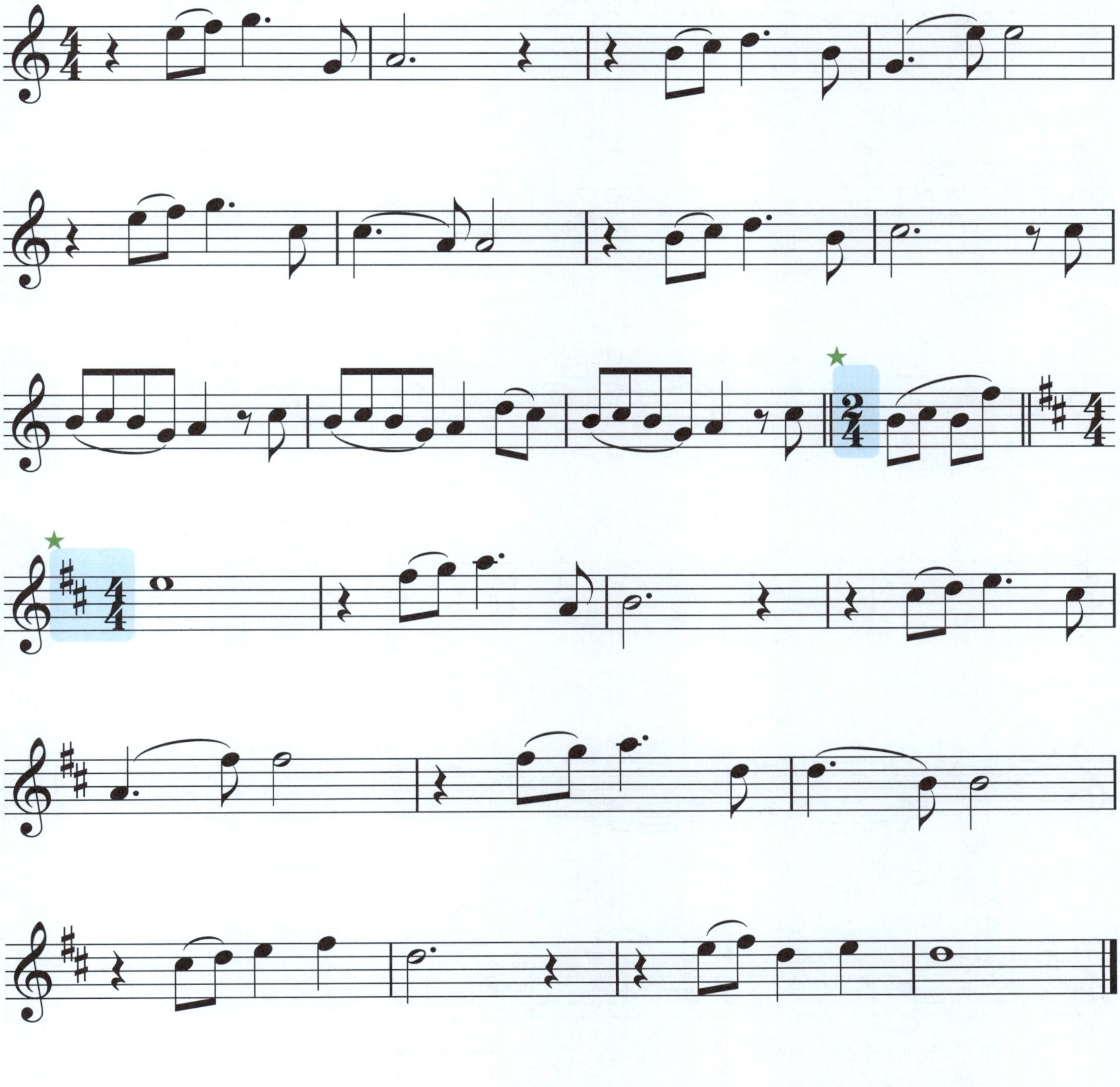

★이 곡은 중간에 박자표가 바뀌고 조표도 바뀝니다.
박자표가 바뀌는 곡을 '변박자 곡'이라 하며 조가 바뀌는 곡을 '조바꿈 곡'이라고 합니다.

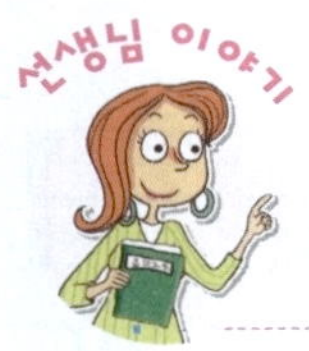

사랑의 꿈

F. 리스트 작곡

교향곡 『제40번』 가운데

W. A. 모차르트 작곡

Allegro (빠르게)

엄마의 이야기

2중주
조은별 작사/작곡
Andantino (조금 느리게)
1st
2nd
mp 이 따 금 씩 내 게 들 려 주 시
던 엄 마 의 어 릴 적 이 야
기 나 도 너 만 할 때 mf 꿈 많 은
아 이 였 지 모 든 것 이 새 로 웠 지

- 때 로 는 슬 프 고 때 로 는 외 롭
고 때 로 는 많 이 힘 들 어 도 엄
만 날 마 다 큰 꿈 또 새 꿈 을
가 지 셨 다 죠 -

미뉴에트

2중주

J.S. 바흐 작곡

Moderato (보통 빠르게)

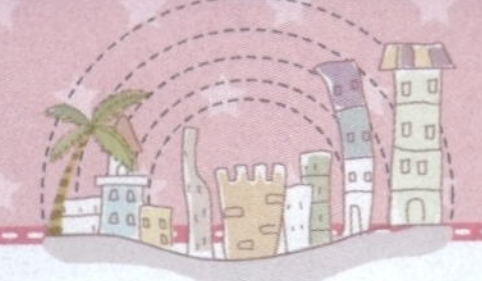

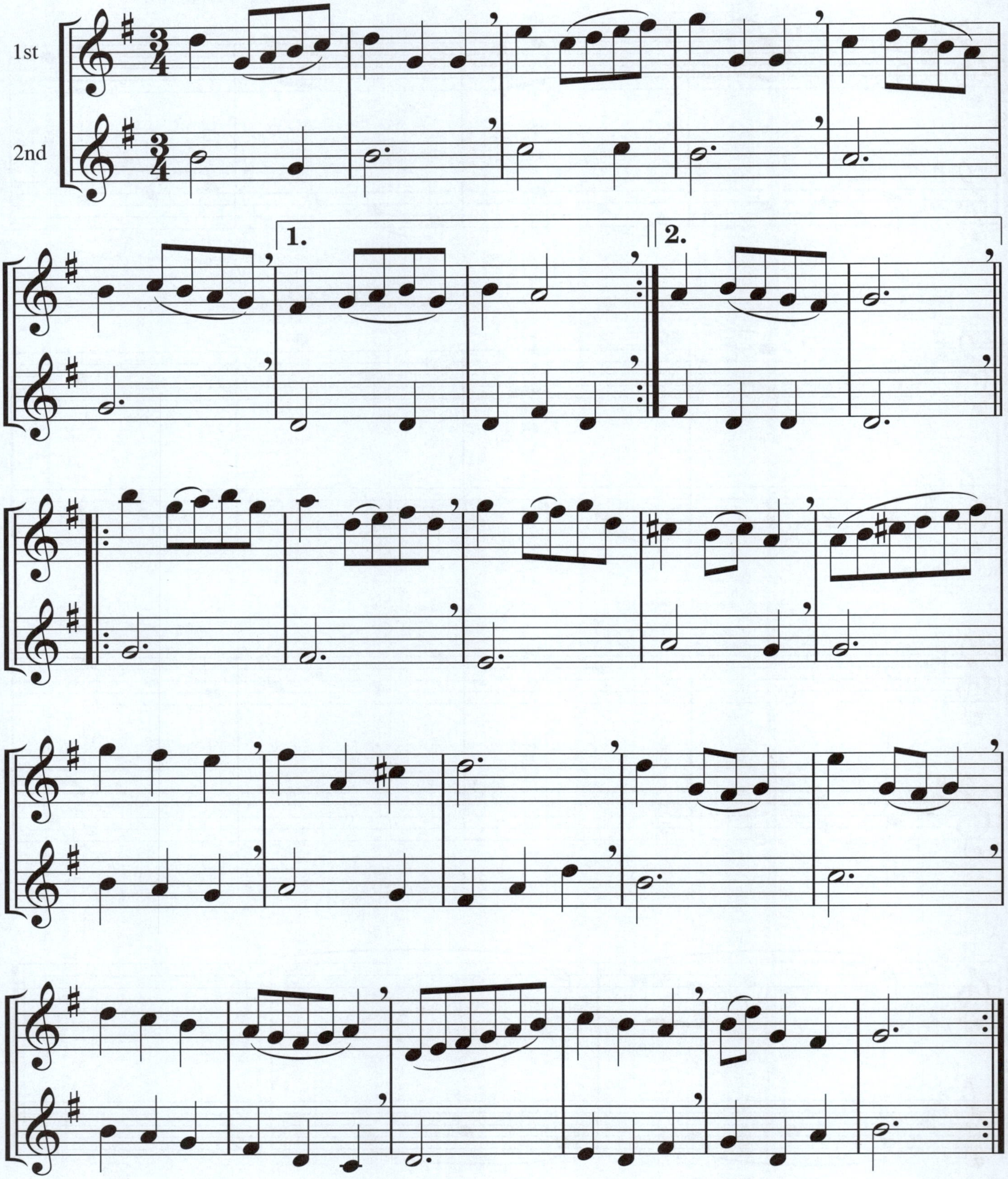

요한 세바스찬 바흐

J.S.Bach 1685~1750

바흐는 1685년 독일 북부 아이제나흐에서 음악가인 아버지와 다정한 어머니 사이에서 8명의 자녀 중 막내로 태어났습니다. 바흐는 아버지께 바이올린을 배우고 아버지의 사촌형의 오르간 연주를 들으며 자랐습니다.

바흐가 9살 때 어머니가 갑자기 세상을 떠났으며, 아버지 마저 그 해에 돌아가셔서 어린 바흐는 맏형인 '요한 크리스토프'에게 맡겨졌고 큰 형을 통해 작곡을 자연스럽게 공부하게 되었지요.

18세 때 꽤 많은 봉급을 받고 교회 오르가니스트로 취직하고, 23세때는 궁정 오르가니스트가 되었습니다. 36세에 바흐는 재능있는 소프라노 '안나 막달레나'와 두번째 결혼을 해 13명의 자녀를 낳고 네 자녀의 음악가를 배출하였으며, 그 뒤로도 몇 세대에 걸쳐 훌륭한 음악가가 계속해서 배출된 음악가계로 유명하답니다. (200년 동안 50명 이상의 음악가를 배출함.)

한 평생 열심히 작곡 생활에만 몰두하였던 바흐는 65세에 세상을 떠났지만 교회 음악을 비롯하여 피아노, 바이올린, 오르간 등의 여러분야에서 수많은 위대한 작품들을 남겼습니다. 그리고 바흐는 현재 '음악의 아버지'로 불리면서 전 세계 사람들로 부터 존경을 받고 있습니다.

높은음역의 '레'와 코다

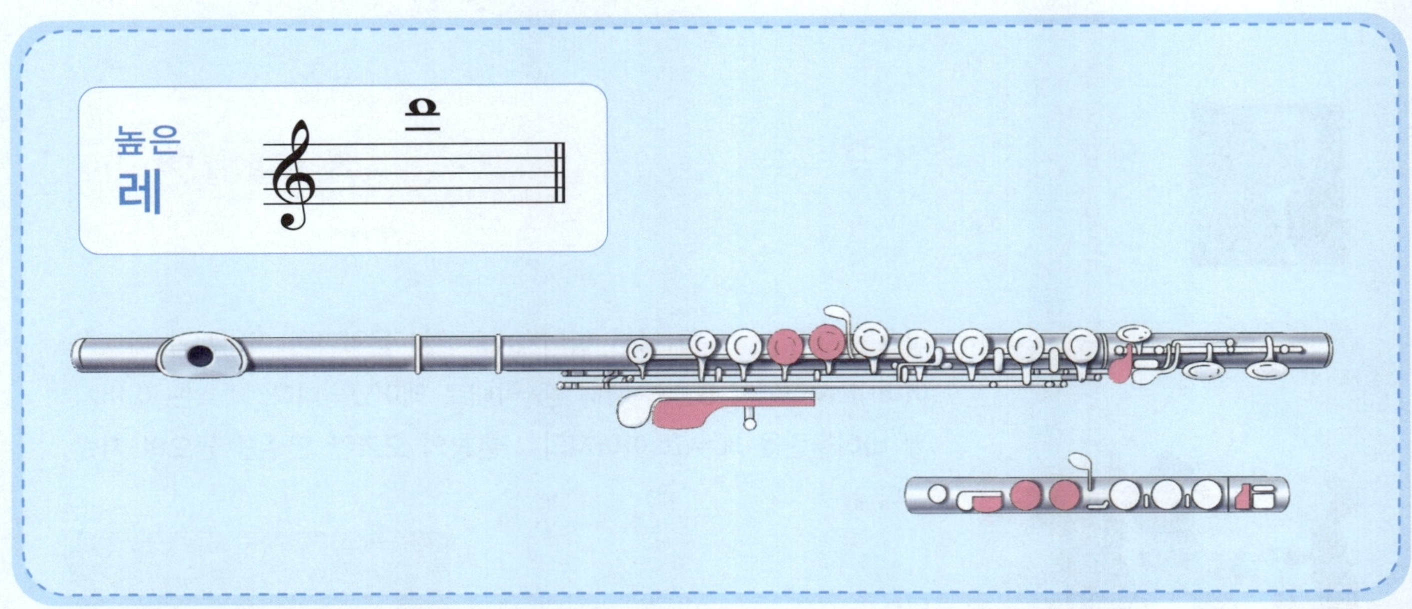

'레'음들은 각각 운지법이 모두 다르므로 잘 익혀야 합니다.
중간 '레'음과 낮은 '레'음도 같이 복습해 봅시다.

복습 중간음역과 낮은음역의 '레'

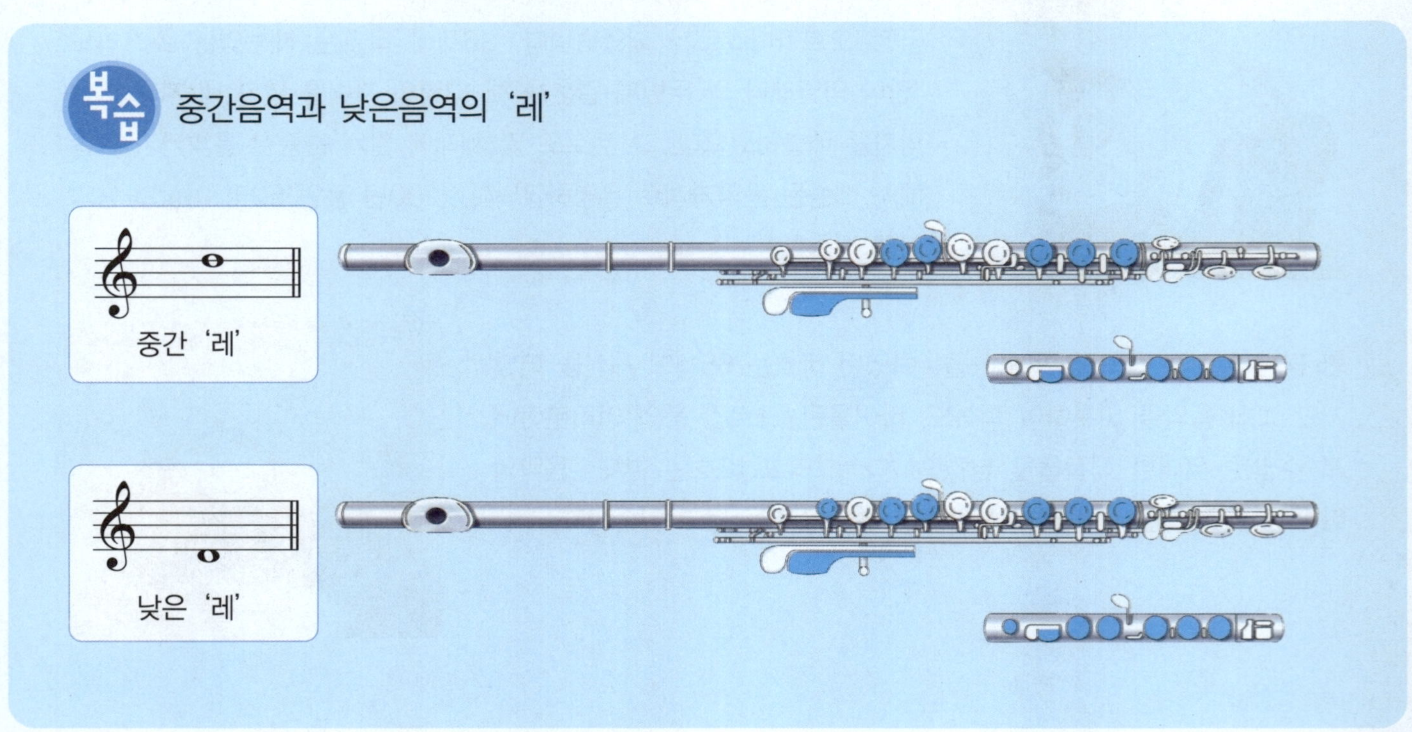

연습 ①

연습 ②

연습 ③

위와 같은 연습곡들은 많이 반복연습 할수록 좋습니다.
어렵고 재미없다고 연습을 소홀히 하지말고, 최소한 도돌이를 하면서 여러번 불어보세요.

매미

Allegretto (조금 빠르게)
이태선 작사
박재훈 작곡

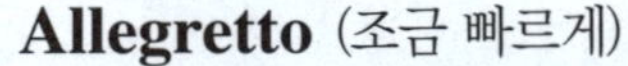

숲 속의 매미가 노래를 하면
파 — 란 저하늘이 더파래 지 고
과 수밭 열매가 절로익 는 다
과 — 수 밭 열 매 가 절로익 는 다

언젠가 왕자님이

F. 처칠 작곡
Moderato (보통 빠르게)
1.
2.
( )

나의 사랑하는 책

윌리엄스 작사
C.D. 틸만 작곡

Moderato (보통 빠르게)

코다(Coda)란?

코다(coda)는 𝄌표로 나타내며, 주로 다카포(***D.C.***)와 달세뇨(***D.S.***) 같은 도돌이에서 자주 사용합니다. 연주방법은 도돌이한 후에 𝄌가 있는 부분에서 그 다음 𝄌가 있는 부분으로가서 곡을 마치면 됩니다.

몰다우

B. 스메타나 작곡

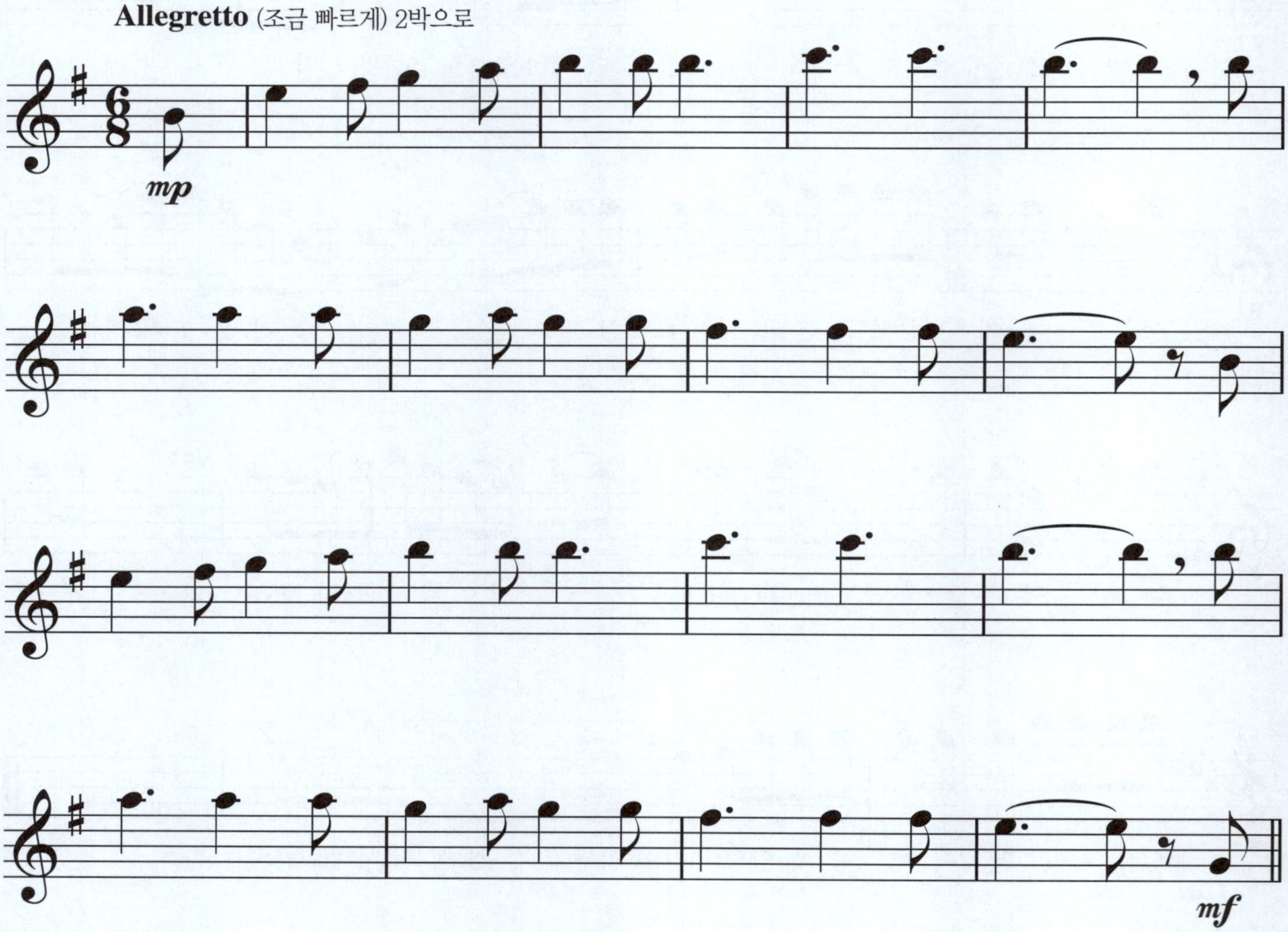
Allegretto (조금 빠르게) 2박으로
6/8
mp
mf

mf
cresc.
f
D.S. al Coda
ff

나의 친구

핑거링 연습

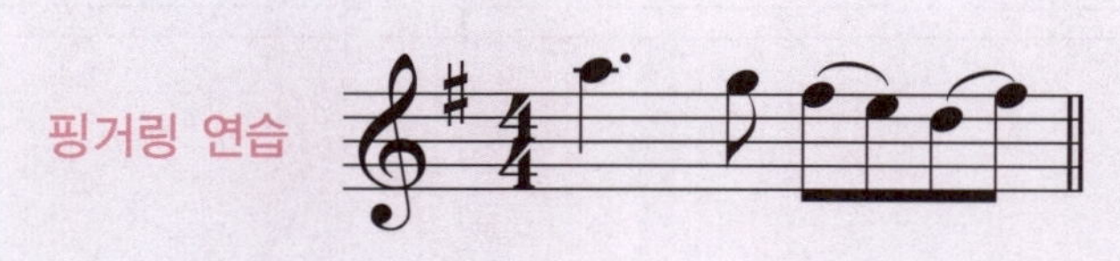

나성 작사
박영근 작곡

Andantino (조금 느리게)

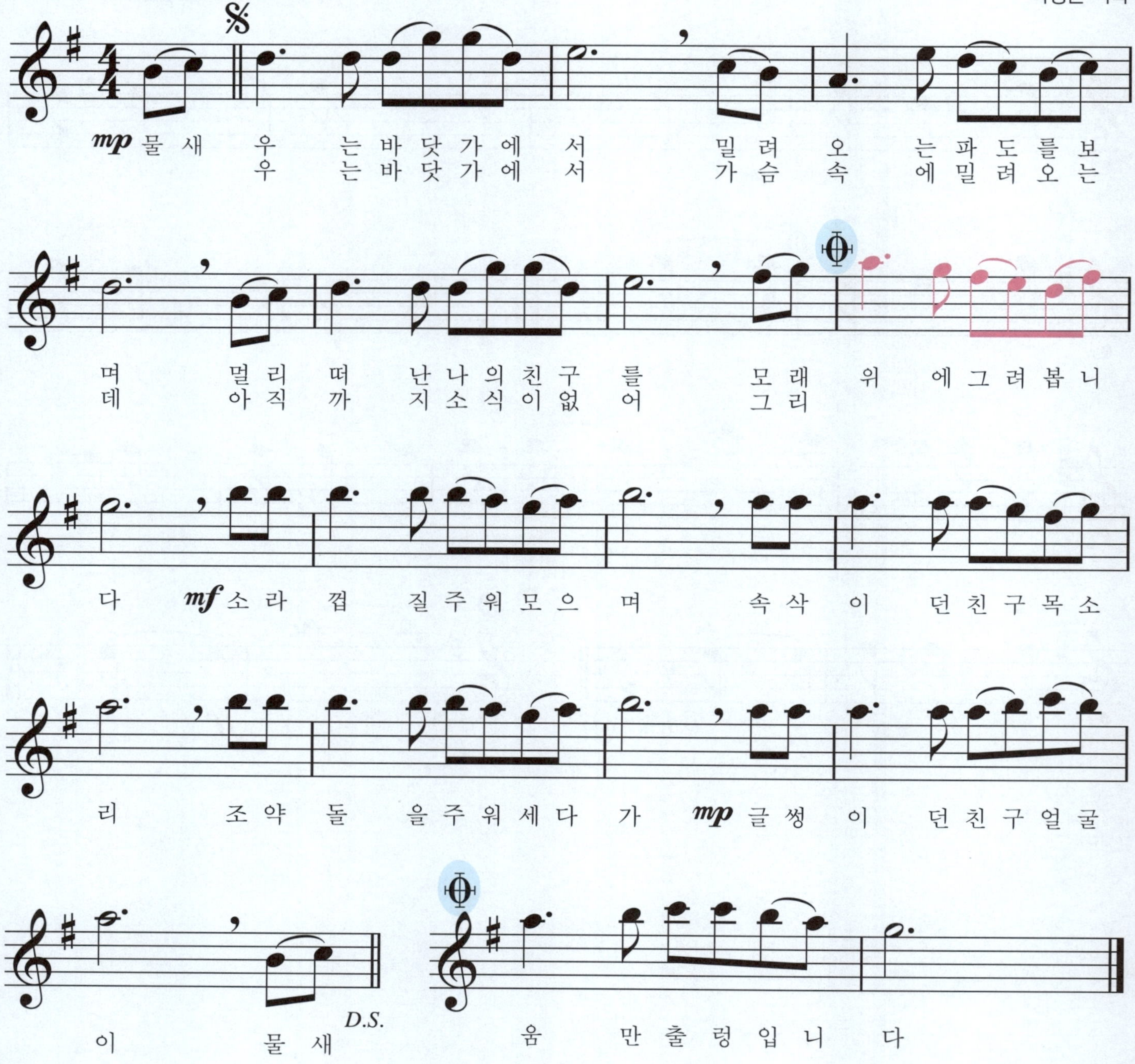

mp 물 새 우 는 바 닷 가 에 서 밀 려 오 는 파 도 를 보
우 는 바 닷 가 에 서 가 슴 속 에 밀 려 오 는
며 멀 리 떠 난 나 의 친 구 를 모 래 위 에 그 려 봅 니
데 아 직 까 지 소 식 이 없 어 그 리
다 mf 소 라 껍 질 주 워 모 으 며 속 삭 이 던 친 구 목 소
리 조 약 돌 을 주 워 세 다 가 mp 글 썽 이 던 친 구 얼 굴
이 물 새 D.S.
움 만 출 렁 입 니 다

당김음(Syncopation)

'싱코페이션' 이라고도 부르며, 센박과 여린박 즉, 강약의 위치가 바뀌는 것을 말합니다.
플루트로 당김음을 연주할 때는 강하게 들리도록 텅잉을 세게해야 하는데, 악센트가 있는 음을 표현할 때와 같이 불면 됩니다.

이런 당김음이 생기는 원인에는 네가지가 있습니다.

1. 음표길이에 의한 당김음
(강박의 위치에 있는 음표의 길이가
약박의 위치에 있는 음표보다 짧을 때)

2. 붙임줄에 의한 당김음
(약박의 음이 센박의 음과 붙임줄로
연결될 때)

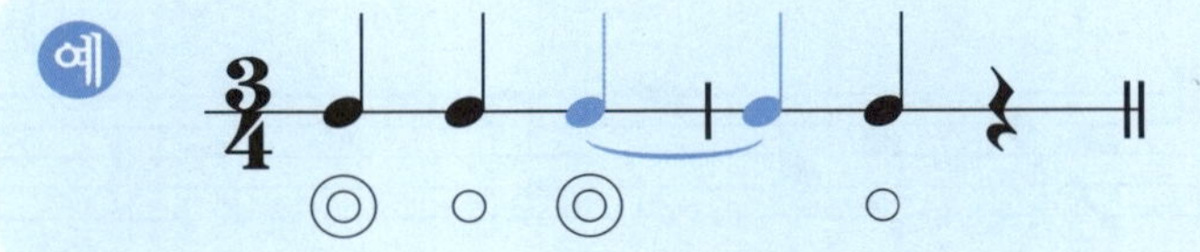

3. 쉼표에 의한 당김음
(강박의 위치에 쉼표가 있을 때)

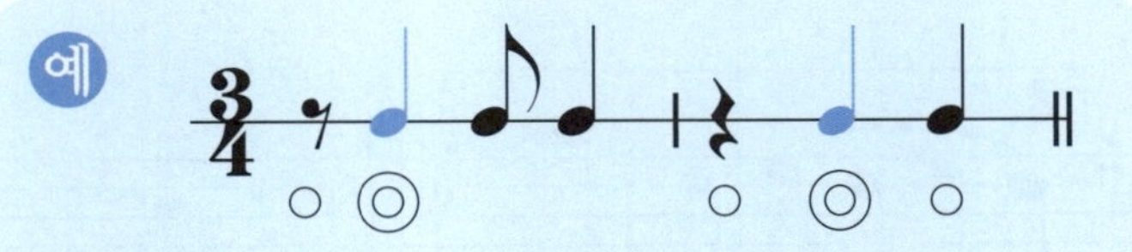

4. 악센트에 의한 당김음
(약박의 음에 악센트가 있을 때)

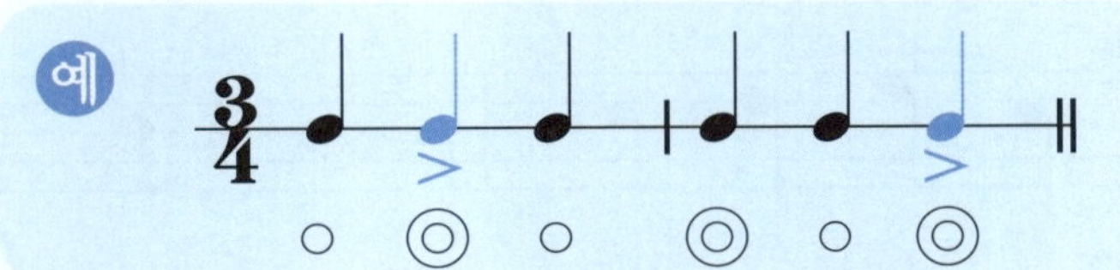

당김음(Ⅰ)

루돌프 사슴코

핑거링 연습

음표길이에 의한 당김음

박순양 작사
토니마크스 작곡

Allegro (빠르게)

당신은 나의 태양
You are my sunshine

데이비드 & 미셸 작곡

산마루에서

신현득 작사
김정웅 작곡

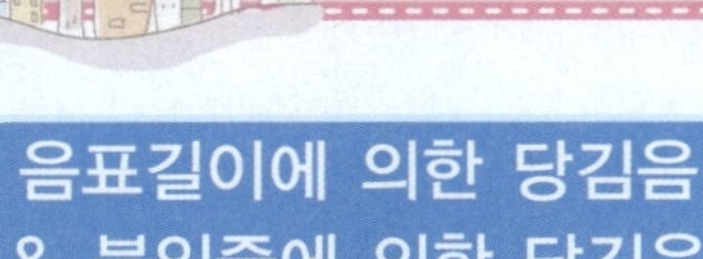

창밖을 보라

미셸 작곡

2중주

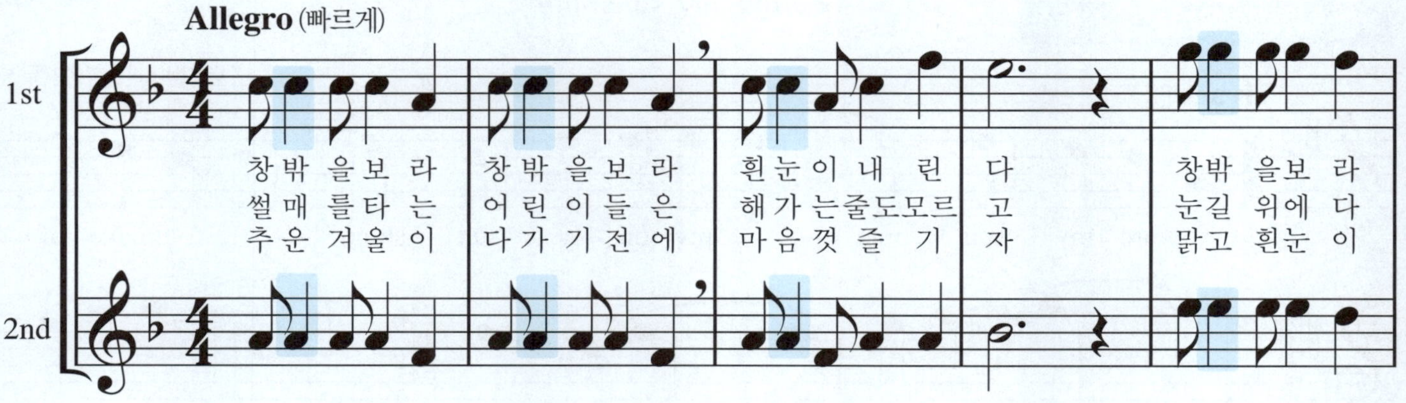

셋잇단음표

하나의 음표를 셋으로 나누어 표시한 것을 '셋잇단음표'라고 합니다.

이 셋잇단음표는 주로 8분음표(♪)가 단위박인 6/8박자, 9/8박자, 12/8박자 곡에서 많이 사용됩니다.

이 셋잇단음표는 주로 4분음표(♩)가 단위박인 2/4박자, 3/4박자, 4/4박자 곡에서 많이 사용됩니다.

이 셋잇단음표는 주로 2분음표(♩)가 단위박인 2/2박자, 4/2박자 곡에서 많이 사용됩니다.

셋잇단음표(Ⅰ)

연습 1

연습 2

셋잇단음표를 연주할 때 음표 3개가 정확히 3등분이 되게 연주해야 합니다.
이나 리듬처럼 들리지 않도록 주의해서 연주하세요.

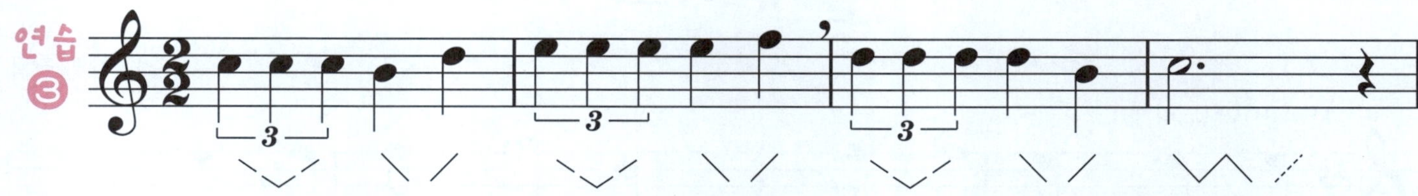

이 곡은 ♩(2분음표)가 1박이므로 ♪(4분음표)는 $\frac{1}{2}$박이 됩니다.

「탄호이저」 가운데

W. R. 바그너 작곡

울게 하소서

G. F. 헨델 작곡

피난처 있으니

카레이 작사 / 작곡

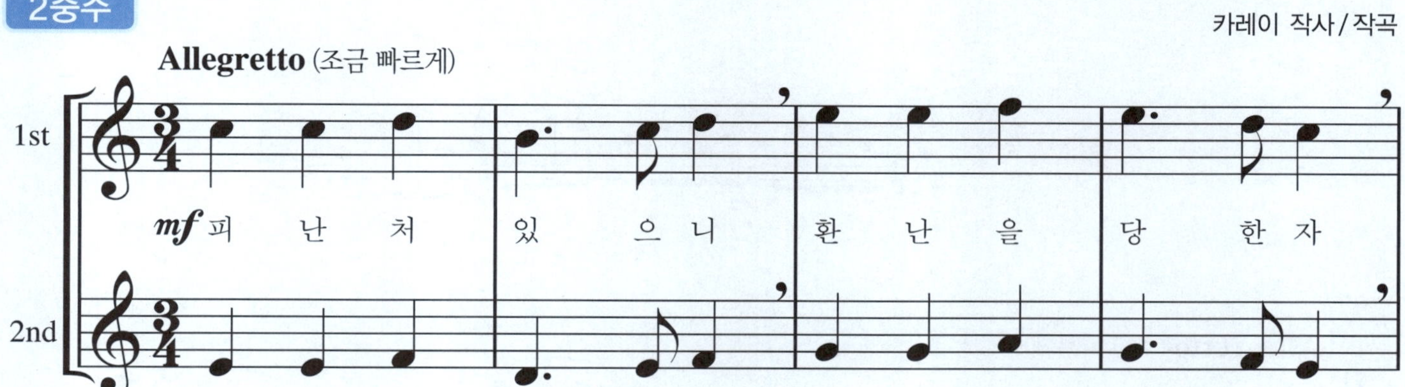

예쁜 아기곰

핑거링 연습

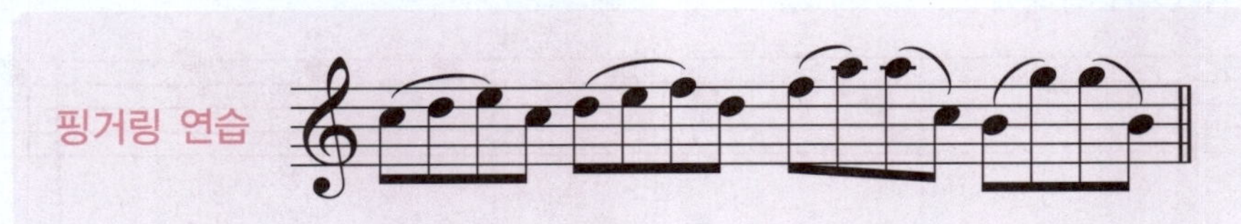

조원경 작사 / 작곡

Allegretto (조금 빠르게)

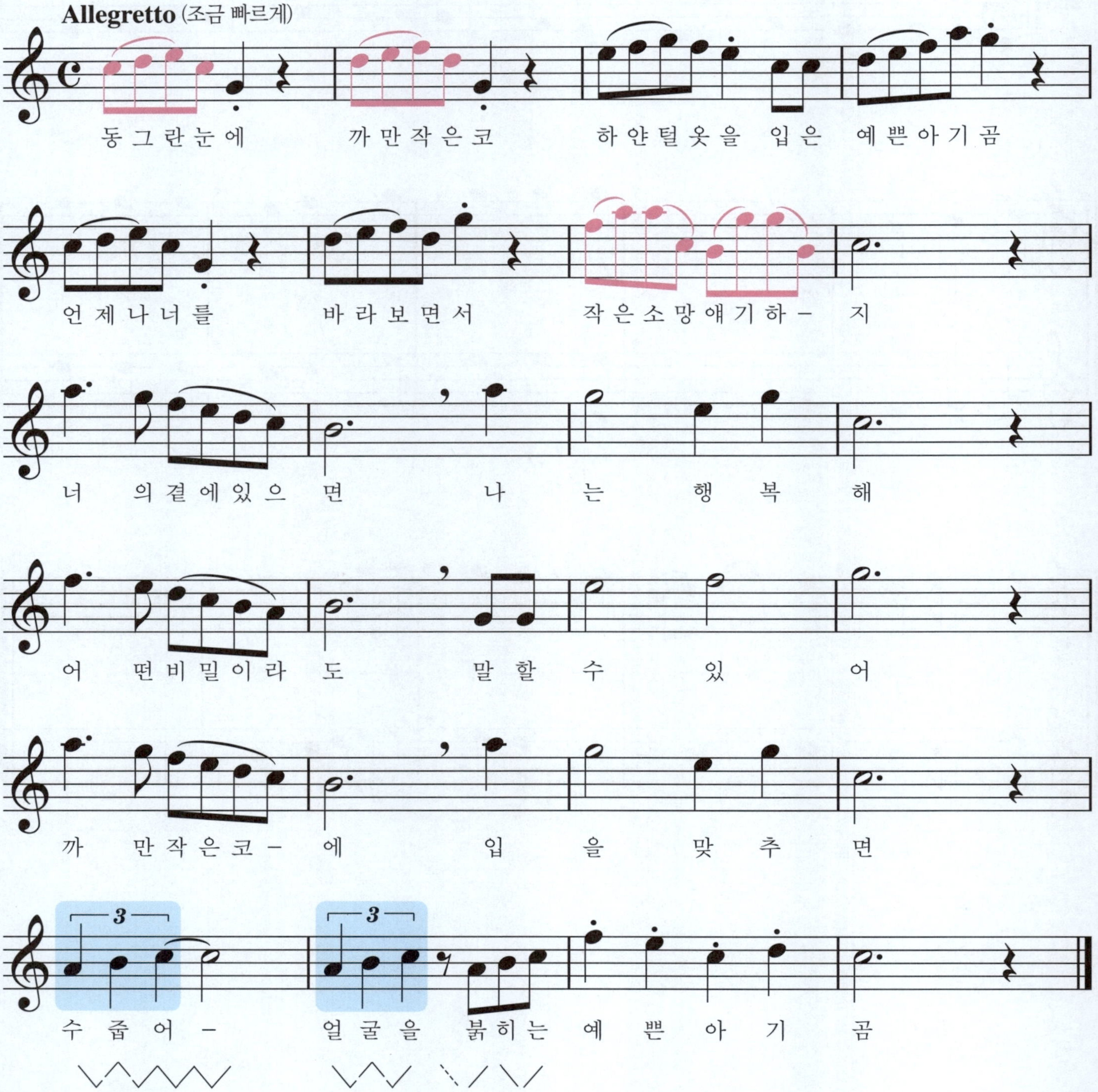
동그란눈에 까만작은코 하얀털옷을 입은 예쁜아기곰
언제나너를 바라보면서 작은소망얘기하 - 지
너 의곁에있으 면 나 는 행 복 해
어 떤비밀이라 도 말할 수 있 어
까 만작은코 - 에 입 을 맞 추 면
3
수 줍 어 - 얼굴을 붉히는 예 쁜 아 기 곰

리듬 피라미드

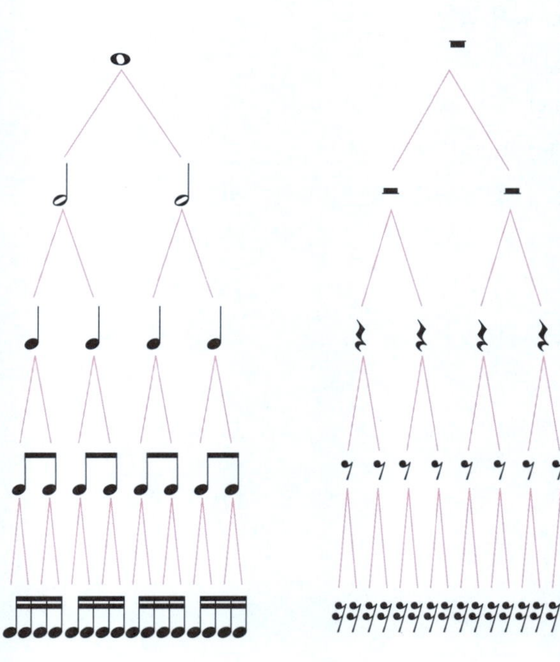

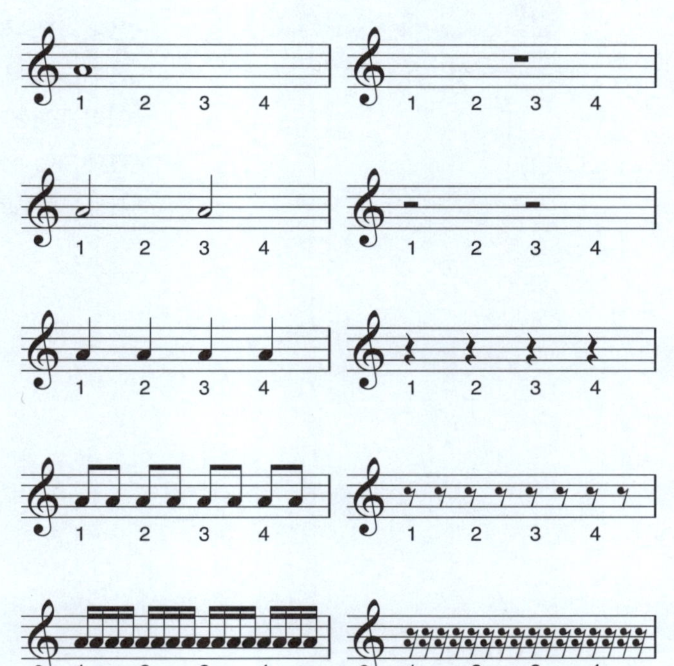

점음표

16분음표의 여러가지 리듬

저자약력

정 효 숙

- 상명대학교 음악과 졸업
- 한양대학교 대학원 기악과 졸업
- Seoul Flute Ensemble 단원 역임
- Seoul Wind Ensemble 단원 역임
- Sydeny Pan Pacifie Music Camps Flute School 참가
- 명덕여자중학교 음악과 교사 역임
- 월촌중학교 플루트 강사 역임
- 월촌초등학교 플루트 강사 역임
- 신정 여자중학교 플루트 강사 역임
- 현대문화센터 강사 역임
- CBS 문화센터 강사 역임
- 현재 : Korea Flute Orchestra 단원
- 저서 :「플루트교실 1~2」,「쉽게 배우는 플루트교실 1~4」

쉽게 배우는

플루트교실 ③
FLUTE CLASS

발 행 일 2002년 6월 1일 (1판 1쇄)
　　　　 2025년 5월 20일 (2판 2쇄)

발 행 인 김정태
저　 자　 정효숙
발 행 처 삼호뮤직 (http://www.samhomusic.com)
　　　　 우편번호 10881
　　　　 경기도 파주시 문발로 175
　　　　 마케팅기획부　　 전화 1577-3588　　　 팩스 (031) 955-3599
　　　　 콘텐츠기획개발부　 전화 (031) 955-3588　 팩스 (031) 955-3598
등　 록　 1977년 9월 10일 제 3-61호

ISBN　　 978-89-326-3874-4
　　　　 978-89-326-3849-2(전4권)